# Johannis Wyclif
# Summa insolubilium

# medieval & renaissance texts & studies

## VOLUME 41

# Johannis Wyclif
# Summa insolubilium

*Edited with an Introduction*
*by*

## Paul Vincent Spade
*and*
## Gordon Anthony Wilson

medieval & renaissance texts & studies
Binghamton, New York
1986

*BC*
*199*
*. P2*
*W93*
*1986*

**Library of Congress Cataloging-in-Publication Data**

Wycliffe, John, d. 1384.
  Johannis Wyclif Summa insolubilium.

  (Medieval & Renaissance texts & studies ; 41)
  Bibliography: p.
  Includes indexes.
  1. Paradox—Early works to 1800.  2. Semantics (Philosophy)—
Early works to 1800.  I. Spade, Paul Vincent.  II. Wilson, Gordon
Anthony, 1945-  .  III. Title.  IV. Series.
BC199.P2W93    1986          165          85-31984
ISBN 0-86698-074-1 (alk. paper)

This book is set in Baskerville typeface,
smythe-sewn and printed on
acid-free paper to library specifications.
It will not fade, tear, or crumble.

Printed in the United States of America

## Dedication

The year 1984 marked the
600th anniversary of the death
of John Wyclif. This volume is
our contribution to the memory
of this extraordinary and
controversial man.

# Table of Contents

## Johannis Wyclif Summa insolubilium

# Introduction

## I. The Manuscripts

In 1937, S. H. Thomson called attention to an *Insolubilia* attributed to John Wyclif and preserved in Vienna, Nationalbibliothek, MS 5204.[1] Although Bale had mentioned such a treatise among the works of Wyclif, he had given no *incipit* and cited no manuscript[2]; Thomson was apparently the first to notice the Vienna copy.[3] Apart from Thomson's description, however, the treatise has remained virtually ignored to the present day.

Unknown to Thomson, additional copies of the same work are preserved in: Prague, Kapitulní Knihovna, MS 1506 (M. 145); Prague, Státní Knihovna ČSR, MS 1536 (VIII. E. 11); and Salamanca, Biblioteca universitaria, MS 2358. There is an incomplete copy in Oxford, Magdalen College, MS lat. 38, and a fragment of yet another copy in Worcester Cathedral Library, MS Q. 54.[4] The colophons in both Prague manuscripts attribute the treatise not to John Wyclif but to John Tarteys, a late fourteenth- or early fifteenth-century Oxonian about whom very little is yet known.[5] There is also apparently a link with Tarteys in the Salamanca copy, as we shall see. Nevertheless, we think the work is almost certainly by Wyclif in fact, and not by Tarteys, although the matter needs to be argued carefully. We begin with a description of the manuscripts and their contents.[6]

**K** = Prague, Kapitulní Knihovna, MS 1506 (M. 145), parchment, early 15c., 93 fols., 16.5 x 11.5 cm.[7]

1. fols. 2r–27r. John Tarteys, *Summulae. Inc.*: Cum pertineat logico pertractare de veritate. Additional copies in: Prague, Státní Knihovna ČSR, MS 1536 (VIII. E. 11), fols. 85r–121r; Salamanca, Biblioteca universitaria, MS 2358, fols. 1r–14v.

2. fols. 27v–41r. John Tarteys, *Consequentiae. Inc.*: Dicto de divisione propositionis rationalis et arte syllogizandi, iam dicendum est de veritate eiusdem. Additional copy in: Salamanca, Biblioteca universitaria, MS 2358, fols. 15r–33v.

3. fols. 41r–47v. John Tarteys (?), *De suppositionibus. Inc.*: Ut cognoscatur quid suppositio est. We know of no other copies.

4. fols. 47r–59r. John Tarteys, *De obligatione. Inc.*: Sequuntur obligatoria. Cum omnis error rationis. . . . Additional copies in: Oxford, New College, MS 289, fols. 204v–210v (incomplete)[8]; Prague, Státní Knihovna ČSR, MS 1536 (VIII. E. 11), fols. 121r–133r; Salamanca, Biblioteca universitaria, MS 2358, fols. ?–33v.[9]

5. fols. 59v–86v. John Wyclif, *Summa insolubilium. Inc.*: Quia omnes homines natura scire desiderant, secundum Philosophum primo *Metaphysicae*, et concupiscibili virtute. . . . The work is attributed to John Tarteys in the *explicit*.[10] Additional copies in: Oxford, Magdalen College, MS lat. 38, fols. 23ra–28vb (incomplete); Prague, Státní Knihovna ČSR, MS 1536 (VIII. E. 11), fols. 55v–72v; Salamanca, Biblioteca universitaria, MS 2358, fols. 33v–50r; Vienna, Nationalbibliothek, MS 5204, fols. 76r–96v; Worcester, Cathedral, MS Q. 54, fols. 108r–109r (fragment).

6. fols. 87r–92v. Stanislas ze Znoima, *Tractatus de universalibus. Inc.*: Quia nonnulli modernorum contra res naturae communes et universales adeo sunt ut etiam apud sedem apostolicam interpellare conentur. Additional copies in: Prague, Státní Knihovna ČSR, MS 1536 (VIII. E. 11), fols. 207r–209r; Vienna, Nationalbibliothek, MS 4296, fols. 57v–62v; Vienna, Nationalbibliothek, MS 4483, fols. 48r–67r.

**M** = Oxford, Magdalen College, MS lat. 38, paper and parchment, early 15c., 70 folios, 2°, several hands.

1. fol. 1r–v. There are only a few scribbles on fol. 1r. On fol. 1v there are a few lines of text, followed by the words: Testimonium de quodam Oxoniensi, viz., magistro Ioh. Chesterfeild,[11] and the date April 2, 1422. Then: Iste liber constat Willelmo Kyrkgarth in aula Boscar. Ebor. dioces., followed in another hand by: postea rectori eccl. S. Mariae Magdal. Lyncoln. There are a few more lines of text at the bottom of the folio.

2. fols. 2r–5r. Anonymous, *Divisiones super libri Boethii. Inc.*: Aristoteles experientia propendens quod omnes homines scientiam humanae animae perfectam naturaliter desiderant, logicam quae est scientia ad discernendum verum a falso nobis tradidit. We know of no other copies of this work.[12] At the bottom of fol. 5r there are some diagrams and notes.

3. fols. 5v–6r. Anonymous, *Tractatus de modis. Inc.*: Pro modalibus ad

cognoscendum earum aequipollentiam dantur regulae, quarum prima est haec. We have been unable to locate additional copies of this treatise.

4. fol. 6r–v. Some anonymous *notabilia*, rather carefully written: Nota quod tripliciter contingit propositionem esse veriorem data propositione. . . . Nota quod aliquae sunt denominationes inexistentes propositionibus primo et principaliter ratione primarie significationum, ut. . . . (fol. 6v) Nota quod omne mixtum calidum habet caliditatem medio gradu inter se ipsum et gradum summum. There follow some other rules about hot bodies. Then: Nota quod ad hoc quod aliquae duo comparentur ad invicem requiritur convenientia specifica fundamenti. . . . Nota quod intentio vocis est eiusdem specie cum voce, incomplete tamen. . . . We know of no other copies.

5. fols. 7r–8v. Anonymous, *Tractatus de locis argumentorum secundum Boethii in Topicis suis*. *Inc.*: Locus sumitur dupliciter, uno modo pro illo quod continet locatum, alio modo est sedes argumenti. We know of no other copies.

6. fol. 8v bottom. Another anonymous note: Nota quod tripliciter dicitur corpus esse calidum. . . .

7. fols. 9ra–10vb. Anonymous, *Tractatus de causis naturalibus*. *Inc.*: Felix qui poterit rerum cognoscere causas. Hinc est quid iste libellus de causis naturalibus intitulatur. There follows a list of 13 questions contained in the work. Then: Prima ergo quaestio fuit talis: Quae sit causa naturalis tonitrui et coruscationis. We know of no other copies of this work.

8. fols. 10vb–13rb. Anonymous, *Tractatus de fallaciis*. *Inc.*: Fallacia est oratio apparenter arguens et latenter deficiens in materia vel in forma. Fallaciarum tredecim sunt species. . . . *Exp.*: Explicit tractatus bonus de fallaciis.[13] Then in another hand: pro parte respondentis. Sequitur pro parte opponentis.[14] We know of no additional copies of this work.

9. fols. 13rb–14ra. Anonymous, *Fallaciae*. *Inc.*: Cautelae proponentes sunt multae, quarum quinque iuvant ut reducatur respondens ad redargutionem vel falsum. *Exp.*: Et tantum de fallaciis sufficiat pro sophistis in responsionibus suis, et cetera, cetera, cetera. Then, in another hand: Hic rogus est ignis elemonisa (?) sit roga dicta. In yet another hand: Expliciunt fallaciae tam pro parte respondentis quam pro parte opponentis.[15] We know of no additional copies of this work.

10. fol. 14ra–vb. Anonymous, *Tractatus de reduplicativis*. *Inc.*: Pro iuvenum

informatione viam probabilem de reduplicativis et eius conditionibus tantum introductionis modo pauca de multis colligendo restat breviter pertractandum. We have been unable to locate additional copies of this treatise.

11. fol. 15ra–vb. Anonymous, *Commendatio logicae. Inc.*: "Digna est imperio," Porphyrius capitulo de specie in principio. Rex regum rectissimus rebelles reprimens cum rigore, amator amantissimus aspiciens amores,[16] dux doctor doctis diluens dolores, me dirigat in dicendis, amen. Protector providissimus pacem providens. . . .[17] We know of no other copies.

12. fol. 16ra–b. Anonymous, *Quaestiones super librum divisionum Boethii. Inc.*: Primo quaeritur hic cum cuilibet divisioni correspondeat compositio sibi opposita propter quid non est aliquis tractatus specialiter editus de compositione et compositionum diversitate. An inscription at the top of fol. 15r reads: Hic incipiunt quaestiones doctoris subtilis super[18] librum divisionum Boethii. The attribution is presumably spurious.[19] We know of no further copies.

13. fols. 16va–21va. A series of seven *Quaestiones* disputed before Oxford masters: (1) In the margin above fol. 16v, there is the inscription: Magister venerande, proponitis (?) quaestionem difficilem de dispari quantitate grandinis. Then, fol. 16va: Utrum locorum diversitas[20] in aeris regione quantitates causet diversas grandinis impressione. . . . (2) (fol. 17ra) Magister reverende, vestram quaestionem difficilem mihi proponitis secundum hanc verborum seriem: Utrum eclipses luminarum et magnae effectuum notabilium figuratent (?) complexiones. . . . (3) (fol. 17va) Quaestio disputanda apud fratres Augustinienses in vesperiis magistrorum creandorum in ecclesia sanctae Mariae virginis Oxonie, et cetera. In[21] excelsa cathedra praesidens sapientiae evidentia magistralis mihi in vallibus ignorantiae quaesitum proivit insolubile, cuius forma talis: (17vb) Utrum anima intellectiva, imperatrix forma prius ignorantiae nubibus obumbrata, sit per subtiles militias potentiarum radicis scientiae postmodum illustrata. . . . (4) (fol. 18vb) Quaestio disputanda in inceptione magistrorum in ecclesia beatae Mariae virginis Oxoniae. In hac quadragesima, dum alimenta (?) ex piscina, hunc titulum proivit quaestionis de proprietate marina, et cetera: Utrum salsedo marium per lunae fiat radium matris humidorum. . . . (fol. 20ra) . . .Ista sunt dicta confidendo de supportatione benigna huius venerabilis auditorii et vestri, magister venerande. (5) Magister Willelmus (?) ex inflammato thalamo mihi dirigit quaestionem sub hoc verborum titulo:

Utrum coma stellae radientis aeris apicem perlustrantis vi luminis et astrorum g⟨e⟩nerum sit indicium quibus (!) iura principium tenetur et regnorum. . . . (fol. 20vb) . . .Haec sunt dicta cum supportatione gratiosa huius venerabilis auditorii et vestri, magister venerande. (6) Excellentia magistralis de fragilis sexus custodia mihi dirigit quaestionem cuius haec est forma: Utrum ad mulierum custodiam ad prolem procreandam legifer civitatis adhibebit operam ad earum custodiam ut floreant cum natis huius. . . . (7) (fol. 21rb) Utrum luna pallescens ab exilio rediens nostri horizontis mare oblique respiciat ipsumque fluere faciat aerem vi virtutis. We know of no other copies.

14. fol. 21va–b. Miscellaneous notes. In the left margin: Nota regula de aggregatis. There follow three notes on aggregates. The second lists four rules. At the bottom of fol. 21vb: Nota versus in quibus casibus licitum est communicare cum excommunicato, et sunt quinque in numero. After several lines: Isti versus habentur in iure civili, et notant distinctionem personarum placitantium pro diversis.

15. fol. 22ra–va. Anonymous, *Commendatio philosophiae*. *Inc.*: "Illius vita optima," Philosophus 12° *Metaphysicae*, commento 38°. Venerabiles laureolas adquirentes magistratus in decore praenobili excellentis matris nostrae ex consuetudine laudabili philosophiam commendare solebant. We know of no other copies.

16. fol. 22va–b. Miscellaneous notes and varia. At the top of fol. 22vb: Intellectiva anima humana in sua primaeva creatione prima est quasi tabula nuda et plana in qua nulla reperitur pictura. This is the first of six short paragraphs in col. b. Then, still in col. b: Quaestio primi libri *Physicorum*, et cetera: Utrum ex suppositis physicae. . . . At the bottom of fol. 22vb: Nota differentiam inter individuum, singulare et suppositum. . . .

17. fols. 23ra–28vb. John Wyclif, *Summa insolubilium* (incomplete). *Inc.*: Quoniam omnes homines natura scire desiderant. The copy is without title, and is unascribed.[22] Approximately sixty percent of the text is preserved; four folios appear to have been omitted in the putting together of the manuscript (although folios are numbered consecutively without interruption). Fol. 24 has been bound out of order; it belongs between fols. 26 and 27.[23] Fol. 29r is blank. Additional copies in: Prague, Kapitulní Knihovna, MS 1506 (M. 145), fols. 59v–86v; Prague, Státní Knihovna ČSR, MS 1536 (VIII. E. 11), fols. 55v–72v; Salamanca, Biblioteca universitaria, MS 2358, fols. 33v–50r; Vienna, Nationalbib-

liothek, MS 5204, fols. 76r–96v; Worcester, Cathedral, MS Q. 54, fols. 108r–109r (fragment).

18. fols. 29va–30ra. Anonymous, *Quaestiones de logica. Inc.*: Utrum logica sit scientia. Quod non videtur, quia modus sciendi non est scientia. . . . Quaeritur utrum logica sit scientia communis. Quod non videtur, quia communitas scientiae est communitate subiecti. . . . (fol. 29vb) Quaeritur de subiecto logicae an sit syllogismus. Quod non videtur, quia omnis scientia est per syllogismos. . . . We know of no other copies of these questions. Part of fol. 30ra and all of fol. 30v are blank. There follow two blank folios numbered 30* and 30**. Fol. 31r contains only four lines of text in a Renaissance hand. Fol. 31v is blank.

19. fols. 32r–42r. *Modus faciendi in vesperiis magistorum artium secundum usum Oxoniae. Inc.*: Hic incipit modus faciendi in vesperiis magistrorum artium secundum usum Oxoniae. Quaestio prima ad quam respondebit primus noster inceptor dominus Robertus Dobbys est haec in forma: Utrum fidus legalis iustitiae praeclaro fulgescens lumine in hermispherio voluntatis mores regat, damnet vitia, poenas inferat, detque praevia immensae dignitatis. Five such questions are stated. Each mentions its "inceptor" by name: Robertus Dobbys, Iohannes Lyttylton, Thomas Fland, Thomas Vycary, and Robertus Glocestra. At the bottom of fol. 32r, after the statement of the five questions, there is the marginal notation: Introductio quaestionis (?), and the beginning of the reply to the fifth question. The other four questions are likewise answered, in reverse order: q. 4 (fol. 34v), q. 3 (fol. 35v). There is a digression inserted between the treatments of q. 3 and q. 2: (fol. 36r) Hic incipit una quaestio secundum modum legistarum, quae quaestio dicitur formaliter disputanda ante inceptionem suam. Then the answer to q. 2 is given (fol. 37r). At the bottom of fol. 37r, the hand changes, and there are several lines of text. At the top of fol. 37v: Hic incipiunt conclusiones unius actus tractati per magistrum Thomas Iuster de aula Mertonis Oxoniae apud fratres Augustinienses. In the margin at the top of fol. 37v, there is the inscription: Iste Tho. Iuster fuit soc. coll. Merton. Finally, q. 1 is answered (fol. 38v): Quaestio prima et in hoc ordine quinta ad quam respondebit. . . . The remainder of fol. 38v and all of fol. 39r are blank. Fol. 39v begins with the marginal notation: Thema unum (?), and the words: Scientis signum est posse docere, primo *Metaphysicae*. Princeps naturae providens sui throni. . . .[24] *Exp.* (of the entire series of questions, fol. 42v): ut finaliter in supracaelestibus valeatis regnare illa concedat qui supra omnes creaturas aeternaliter vivit et regnat, amen, et

cetera. Hic solent tria quaeri, scilicet, sub quo isti inceptores incipient, in quo loco incipient, et in quo tempore incipient. Ad quae respondendum est quod sub me, licet indignetur (?), in ecclesia sanctae Mariae virginis, et crastina die ante nonam, et cetera. Explicit modus faciendi in vesperiis magistrorum artium secundum usum Oxoniae, et cetera.

20. fols. 43r–44r. Anonymous, *Quaestio cui respondebit baccalaureus cum acceperit gradum in universitate Oxoniae.*[25] *Inc.*: Venerande magister, quaestio vestra difficillima mihi proponitur sub hac verborum forma: Utrum a prima causa et principe intellectivae potentiae desuper irradiatae. . . . *Exp.*: Iste est modus recitandi quaestionem in inceptionibus magistrorum secundum usum Oxoniae. We know of no other copies.

21. fols. 44v–45v. Anonymous, *Quaestio. Inc.*: Honorande[26] magister, inter almifica et innumera divinae munificentiae gratuita, illud praesertim meae rationis simplicitatis gratissimum cuius fecundissima. . . . *Exp.*: Explicit modus respondendi in inceptionibus magistrorum in ecclesia sanctae Mariae secundum usum Oxoniae ad quaestionem principalis opponentis, et cetera. We know of no additional copies.

22. fol. 46r–v. *Modus arguendi contra quaestionem principalem in inceptionibus magistrorum secundum usum Oxoniae. Inc.*: Honorande magister, licet vestra subtilitas materiam quaestionis per suppositiones stabiles et conclusiones fundatas sollertius enodavit, tamen contra aliquas conclusiones vestras intendo de licentia dominorum procuratorum aliqualiter replicare. Et primo. . . . Five points are listed. *Exp.*: Iste est modus arguendi contra quaestionem principalem in inceptionibus magistrorum secundum usum Oxoniae.[27] We know of no additional copies. Fol. 47r contains only a drawing of a human head. The top of fol. 47v contains the end of item 25 below.

23. fols. 47v–48r. Anonymous, *Quaestio de summi principis imperio. Inc.*: Utrum[28] summi principis imperio caelestium ministerio orbium et astrorum. . . . We know of no other copies.

24. fol. 48r. Some notes, as follows: Utrum[29] praedicamentalis quantitas divisa per differentias ut res naturales natura sit unica fluens in supposita per actus formales. . . . Utrum scientia naturalis per quam rerum veritas demonstratur in tria specie dividentia essentialiter dividatur. . . .

25. fol. 48v. Anonymous, *Quaestiones. Inc.*: Iuxta sententiam huius lectionis sit iste titulus disputandae quaestionis, et cetera: Utrum triplex maneries animae quae. . . . Utrum a penetrante fulmine ab aeris pulso culmi-

ne. . . .[30] At the bottom of fol. 48v: in ostendendo quarum prima in ordine sequitur sub hac verborum serie. Quaere conclusiones illius materiae in folio praecedenti ad talem signum. But no sign follows. The reference is apparently to a mark at the very left at the top of fol. 47v. Four brief conclusions are listed there, and the words: Fulmen subtile penetrans. . . . *Exp.*: Ex istis sic praemissis patet quid sentio de natura fulminis. We know of no additional copies.

26. fol. 49ra–va. Pope John XXII, *Vas electionis. Inc.*: Iohannes episcopus servorum servus dei venerabilibus fratribus. . . . vas electionis doctor eximius egregius praedicator. . . . Edited in Richter and Friedberg.[31]

27. fols. 49va–53va. An anonymous discussion item 26. *Inc.*: Ideo vero petitur declaratio constitutionis illius. . . . We know of no other copies.

28. fols. 53va–68r. Richard Fitzralph, *Defensio curatorum. Inc.*: In nomine patris. . ., amen. Propositio Richardi Archiepiscopi Armachani. . . apud Avinion. die octavo mensis novembris anno domini m°ccc°lvii°. Nolite iudicare secundum faciem sed illius tamen. . . . *Exp.*: dignetur omnipotens deus trinus et unus qui est benedictus in saecula saeculorum, amen. Edited in Goldast and in Brown.[32] At the bottom of fol. 69r: Oderunt peccare boni virtutis amore; oderunt peccare mali formidine poenae. Mors iusti subita quam praecessit bona vita non aufert merita si moriatur ita. In the bottom margin: Nota de doctore in Oxonia sedente in cathedra.

**P** = Prague, Státní Knihovna ČSR, MS 1536 (VIII. E. 11), paper, 15c., 291 fols., 22 x 15 cm.

1. fols. 1r–55r. John Tarteys, *Problema de quinque universalibus. Inc.*: Problema correspondens libello Porphyrii. Fols. 50v–55r contain a *registrum* of the work. Additional copies in: London, Lambeth Palace, MS 393, fols. 184(215)–239(270)[33]; Oxford, Magdalen College, MS lat. 47, fols. 2–34; Prague, Státní Knihovna ČSR, MS 1010 (V. H. 33), fols. 32r–74v (*registrum*, fols. 71r–74v).[34]

2. fols. 55v–72v. John Wyclif, *Summa insolubilium. Inc.*: Quia omnes homines naturaliter scire desiderant. The text is attributed to John Tarteys in the *explicit*.[35] Additional copies in: Oxford, Magdalen College, MS lat. 38, fols. 23ra–28vb (incomplete); Prague, Kapitulní Knihovna, MS 1506 (M. 145), fols. 59v–86v; Salamanca, Biblioteca universitaria, MS 2358, fols. 33v–50r; Vienna, Nationalbibliothek, MS 5204, fols. 76r–96v;

Worcester, Cathedral, MS Q. 54, fols. 108r–109r (fragment).

3. fols. 73r–81v. Roger Whelpdale,[36] *Universalia. Inc.*: Cum universalium cognitio. The *explicit* refers to the author only as "Rogerus Oxoniensis". Additional copies in: London, British Library, MS Harley 2178, fols. 101–107, ascribed to John Tarteys on fol. 100v[37]; London, British Library, MS Royal 12. B. XIX, fols. 85–96; Oxford, Bodleian, MS Rawlinson C. 677, fols. 3r–7; Worcester, Cathedral, MS Q. 54, fols. 12r–23r.

4. fols. 82r–83r. John Tarteys, *Tractatus de modis. Inc.*: Pro materia de modis. Additional copies in: Oxford, New College, MS 289, fols. 103v–104v[38]; Prague, Státní Knihovna ČSR, MS 1010 (V. H. 33), fols. 75r–76r; Salamanca, Biblioteca universitaria, MS 2358, fols. 121v–123r; and perhaps also Oxford, Bodleian, MS 676, fols. 123v–126.[39]

5. fols. 83r–v. Anonymous, Note on the new logic.

6. fols. 85r–121r. John Tarteys, *Summulae. Inc.*: Cum pertineat logico. Additional copies in: Prague, Kapitulní Knihovna, MS 1506 (M. 145), fols. 2r–27r; Salamanca, Biblioteca universitaria, MS 2358, fols. 1r–14r.[40]

7. fols. 121r–133r. John Tarteys, *De obligatione. Inc.*: Cum omnis error rationis. . . .[41] Additional copies in: Oxford, New College, MS 289, fols. 204v–210v (incomplete)[42]; Prague, Kapitulní Knihovna, MS 1506 (M. 145), fols. 47r–59r; Salamanca, Biblioteca universitaria, MS 2358, fols. ?–33v.[43]

8. fols. 133r–140r. William Milverley,[44] *Universalia. Inc.*: Pro superficiali notitia universalium. The colophon reads: Expliciunt universalia W.M. de Tartis a.d. 1423 finita fer. V. in octava s. Martini in scolis Lete curie per Petrum . . . rectorem. Additional copies in: London, British Library, MS Harley 2178, fols. 7–10; London, British Library, MS Royal 12. B. XIX, fols. 14–19; Oxford, Bodleian, MS 676, fols. 134r–149, followed by short notes[45]; Oxford, Corpus Christi, MS 103, fols. 32v–41; Oxford, Magdalen College, MS lat. 47, fols. 34r–37; Oxford, Magdalen College, MS lat. 162, fols. 1r–6; Oxford, New College, MS 289, fols. 58–62[46]; Oxford, Oriel College, MS 35, fols. 1–5; Worcester, Cathedral, MS Q. 54, fols. 3r–10v.

9. fols. 140v–143r. Roger Anglicus,[47] *Ampliatio verbi 'est'. Inc.*: Pro fundamento ampliationis. Additional copy in: Oxford, Magdalen College, MS lat. 92, fols. 81r–83.

10. fols. 143v–144v. *Registra* for the *Universalia* and *Summulae* of Tarteys.

11. fols. 145r–191v. Stanislas ze Znoima, *Universalia realia. Inc.*: Cum multis in philosophia prima famosis visum sit. Fols. 190v–191v contain a *registrum* of the work. Edited on the basis of this copy only by Dziewicki,[48] who attributed the work, with some reservations, to Wyclif.[49] Thomson established its true authorship.[50] Additional copies in: Cracow, Biblioteka Jagiellońska, MS 1855 (BB XXIV 13), incomplete and unascribed; Prague, Kapitulní Knihovna, MS 1279 (L 36), unascribed; Prague, Kapitulní Knihovna, MS 1448 (M 91), unascribed[51]; Prague, Státní Knihovna ČSR, MS 773 (IV. H. 9), fols. 193v–258v; Prague, Státní Knihovna ČSR, MS 1605 (VIII. G. 23), fols. 84r–138v, ascribed in the *explicit* to "Mag. Stanislai".

12. fols. 192r–198r. Anonymous, *Praedicamenta Augustini. Inc.*: Summus artifex autumando cacumina rerum. This is not the same as the Pseudo-Augustinian *Categoriae decem*.[52] We have been unable to locate additional copies of this work.

13. fols. 198v–203r. Simon de Tissnow, *Positio de universalibus. Inc.*: Utrum universalia habeant solum nude pure esse in intellectu divino. Additional copy in: Prague, Státní Knihovna ČSR, MS 1588 (VIII. G. 6), fols. 80r–84r, there attributed to Stephen de Palecz.

14. fols. 203r–205v. Anonymous, Various notes on universals.

15. fol. 206. *Registra* for items 13 and 16.

16. fols. 207r–209r. Stanislas ze Znoima, *Tractatus de universalibus. Inc.*: Quia nonnulli modernorum. Additional copies in: Prague, Kapitulní Knihovna, MS 1506 (M. 145), fols. 87r–92v; Vienna, Nationalbibliothek, MS 4296, fols. 57v–62v; Vienna, Nationalbibliothek, MS 4483, fols. 48r–67r.

17. fols. 209v–214r. Anonymous, *Quaestio de universalibus. Inc.*: Utrum circumscriptis signis mentalibus. We have been unable to locate additional copies of this work.

18. fols. 214r–215v. Anonymous, Note on the threefold being of creatures.

19. fols. 215v–222r. Anonymous, *Quaestio de intentionibus primis et secundis. Inc.*: Utrum intentiones secundae sint res positivae. We have been unable to locate additional copies of this work.

20. fols. 222v–229r. Anonymous, Notes on genus, difference and species.

21. fols. 232r–243v. John Buridan, *Quaestiones de universali. Inc.*: Duae quaestiones de universali pertractabuntur. Additional copy in: Uppsala, Universitetsbiblioteket, MS C 615, fols. 99 & 104–111.[53]

22. fols. 244r–254v. John Buridan, *Quaestio de dependentiis, diversitatibus et conventiis. Inc.*: Ad defensionem veritatis. Additional copy in Klosterneuburg (Austria), Stiftsbibliothek, MS 291, fols. 163–172.[54]

23. fols. 255r–288r. John Buridan, *Replica contra impugnantes duos primos tractatus. Inc.*: Alias composui quendam tractatum. Additional copy in: Klosterneuburg (Austria), Stiftsbibliothek, MS 291, fols. 172–205.[55]

24. fols. 288v–291v. Anonymous, Questions on universals.

**S** = Salamanca, Biblioteca universitaria, MS 2358, parchment, late 14c & early 15c., 164 fols., 240 x 165 mm.

The manuscript is a composite of two other manuscripts. According to Beaujouan,[56] the first part (fols. 1–124) is written in two English hands from c. 1400, while the second part (fols. 125–164) is slightly earlier. On the back cover: Logica Ioannis de Cart ( = Tarteys). At the end of the manuscript (fol. 164v), there is an early 16c. table of contents: Logica Io. de Cart. Liber 5 ponitur tractatus de arithmetica speculativa. Et liber 6, c. 6, ponitur multa ad mathematicam scientiam pertinentia. Et post librum sextum ponitur latinus tractatus utrum continuum componatur ex non quantis.

1. fols. 1r–14v. John Tarteys, *Summulae. Inc.*: Cum pertineat logico pertractare de veritate et falsitate orationis. *Exp.*: Expliciunt summulae Tarteys. Additional copies in: Prague, Kapitulní Knihovna, MS 1506 (M. 145), fols. 2r–27r; Prague, Státní Knihovna ČSR, MS 1536 (VIII. E. 11), fols. 85r–121r.

2. fols. 15r–?. John Tarteys, *Consequentiae. Inc.*: Dicto de divisione propositionis rationalis et arte syllogisandi, iam dicendum est de veritate eiusdem.[57] Additional copy in: Prague, Kapitulní Knihovna, MS 1506 (M. 145), fols. 27v–41r.

3. fols. ?–33v. John Tarteys, *De obligatione. Inc.*: Cum omnis error rationis. . . .[58] Additional copies in: Oxford, New College, MS 289, fols. 204v–210v (incomplete)[59]; Prague, Kapitulní Knihovna, MS 1506 (M. 145), fols. 47r–59r; Prague, Státní Knihovna ČSR, MS 1536 (VIII. E. 11), fols. 121r–133r.

4. fols. 33v–50r. John Wyclif, *Summa insolubilium*. *Inc.*: Quia omnes homines natura scire desiderant, secundum Philosophum primo *Metaphysicae*, et concupiscibili virtute difficilibus arduisque ferventius afficiuntur et materia insolubilium. . . . The work is ascribed to John Wyclif in the *explicit*.[60] Fols. 50v–52v are blank. Additional copies in: Oxford, Magdalen College, MS lat. 38, fols. 23ra–28vb (incomplete); Prague, Kapitulní Knihovna, MS 1506 (M. 145), fols. 59v–86v; Prague, Státní Knihovna ČSR, MS 1536 (VIII. E. 11), fols. 55v–72v; Vienna, Nationalbibliothek, MS 5204, fols. 76r–96v; Worcester, Cathedral, MS Q. 54, fols. 108r–109r (fragment).

5. fols. 53r–68r. John Tarteys (?), *De expositionibus et impossibilibus. Inc.*: Nunc exponendi sunt isti termini 'differt' et 'aliud'. Pro quorum expositione supponendum est primo quod. . . . Expositions of: 'differt' and 'aliud' (fol. 53r), 'incipit' and 'desinit' (fol. 53v), 'scire' and 'dubitare' (fol. 55r), 'infinitum' and 'immediate' (fol. 55r), plurals (fol. 57v). Then (fol. 59r): Postea facienda et solvenda sunt quaedam argumenta quae non solum ex apparenter veris sed etiam ex realiter veris apparenter concludunt falsa. Quae argumenta vel sibi similia possunt adaptari ad quaecumque volueris impossibilia persuadenda. Et primo arguitur quod tu es asinus. *Exp.*: Patet igitur responsio et huic libro finem pono. Deo gratias.[61] We know of no additional copies.

6. fols. 68v–78r. John Tarteys (?), *Termini logicales, cum brevi declaratione de numeris et figuris. Inc.*: Quia in sexto libro sunt certae materiae tangendae requirentes aliquorum terminorum notitiam qui in praecedentibus non sunt adhuc expositi, licet in logica et in physica sint sparsim diffusius declarati, igitur secundum quod illi libro oportunum fuerit, primo sunt adducendi pauci termini logicales ac naturali materiae pertinentes. Et deinde brevis declaratio de numeris et figuris corporum ac speciebus proportionum qui inter numeros et corpora sunt in mente. . . . The notions of substance, quantity, quality, place and motion are discussed. The *Brevis declaratio* begins (fol. 74r): Pro cognoscendis figuris superficierum vel corporum debes intellegere primo de numero, quomodo ex varia secundum imaginationem positione unitatum varie figuratur.[62] We know of no further copies.

7. fols. 78v–100v. John Tarteys (?), *Sophismata. Inc.*: Nunc in hoc sexto et ultimo libro disputanda sunt sophismata continentia omnes materias sophisticas cum difficultatibus communiter usitatis, quorum primum est hoc: 'Quorumlibet contradictoriorum complexorum alterum est

verum et reliquum falsum'. We know of no other copies.

8. fols. 101r–121r. Anonymous, *De compositione continui ex non quantis. Inc.*: Opinio est quod quantum continuum componitur ex non quantis. Et hoc modo fit: Lineam componunt puncta, et lineae superficiem, et superficies corpus.[63] Additional copies in: Oxford, New College, MS 289, fols. 3r–18v[64]; Vienna, Nationalbibliothek, MS 4002, fols. 54v–80v; Prague, Státní Knihovna, MS 1010 (V. H. 33), fols. 76v–100r.

9. fols. 121v–123r. John Tarteys, *Tractatus de modis. Inc.*: Pro materia de modis est primo notandum quid est modus, secundo qualiter dividitur modus, tertio restat descendere ad communia dubia de eisdem tacta. Additional copies in: Oxford, New College, MS 289, fols. 103v–104v[65]; Prague, Státní Knihovna ČSR, MS 1010 (V. H. 11), fols. 75r–76r; and perhaps also Oxford, Bodleian, MS 676, fols. 123v–126.[66] The remainder of fols. 123–124 contain only glosses.

10. fols. 125r–133r. Anonymous, *In Isagogen Porphyrii. Inc.*: "Cum sit necessarium, Grisasori," et cetera. . . . Iste liber ut visum est. . . . We know of no further copies.

11. fols. 133r–145v. Anonymous, *In Praedicamenta Aristotelis. Inc.*: "Aequivoca dicuntur quorum nomen est," et cetera. . . . Iste liber dividitur in tres partes, scilicet, in antepraedicamenta, praedicamenta et postpraedicamenta. . . . We know of no other copies.

12. fols. 145v–164v. Anonymous, *In librum Periermeneias Aristotelis. Inc.*: "Primum oportet constituere," et cetera. . . . Secundum quod vult Philosophus in tertio *De anima*, triplex est operatio intellectus. We know of no further copies.

**V** = Vienna, Nationalbibliothek, MS 5204, paper, c. 1410 by a Bohemian scribe, 100 fols., 4°.

1. fols. 1r–65v. John Wyclif, *De universalibus. Inc.*: Libellus de universalibus continet quindecim capitula. At least twenty-one additional manuscripts are known. Edited by Ivan Mueller, with a translation by Anthony Kenny.[67]

2. fol. 66r–v. Anonymous, *Tractatulus de veritate religionis christianae. Inc.*: Pura religio christiana. According to Thomson, the work is "apparently adapted from Wyclif's *De Religione Privata*".[68] We have been unable to locate additional copies.

3. fols. 67r–72v. Robert Alyngton,[69] *Tractatus logicalis de suppositionibus.*
   *Inc.*: Terminorum aliqui sunt. Additional copies in: Madrid, Biblioteca
   de Palacio, MS 3092, fols. 182–185v[70]; Oxford, New College, MS 289,
   fols. 52v–55v & 57r–v[71]; Worcester, Cathedral, MS F. 118, fols.
   46ra–48rb with an addendum fol. 86r–v, and a second copy of the text
   on fols. 113r–115v.[72]

4. fols. 73r–75v. Anonymous, *Tractatus logicalis de consequentiis syllogismorum.*
   *Inc.*: Consequentia est conditionalis.[73] We have been unable to locate
   additional copies of this text.

5. fols. 76r–96v. John Wyclif, *Summa insolubilium. Inc.*: Quia omnes homines
   natura scire desiderant. The work is attributed to John Wyclif in the
   *explicit.*[74] One complete folio of text is missing after fol. 90v, although
   the numbering of the folios is consecutive in the manuscript.[75] Additional copies in: Oxford, Magdalen College, MS lat. 38, fols. 23ra–28vb
   (incomplete); Prague, Kapitulní Knihovna, MS 1506 (M. 145), fols.
   59v–86v; Prague, Státní Knihovna ČSR, MS 1536 (VIII. E. 11), fols.
   55v–72v; Salamanca, Biblioteca universitaria, MS 2358, fols. 33v–50r;
   Worcester Cathedral, MS Q. 54, fols. 108r–109r (fragment).

6. fols. 97r–100v. Anonymous, *Tractatus de argumentis quibus universalia realia
   praeter signa esse ponenda probatur. Inc.*: Primo deus scit forte. Thomson
   describes it as "obviously inspired by Wyclif's philosophy".[76] We have
   been unable to locate additional copies.

**W** = Worcester, Cathedral Library, MS Q. 54, 15c., 167 fols., 4°.

1. fols. 3r–10v. William Milverley, *Universalia. Inc.*: Pro superficiali notitia
   universalium. For additional copies, see item no. 8 of manuscript **P**
   described above.

2. fols. 12–23. Roger Whelpdale, *Universalia. Inc.*: Cum universalium
   cognitio. For additional copies, see item no. 3 of manuscript **P** described
   above.

3. fols. 24–107. Robert Alyngton, *Super Praedicamenta Aristotelis. Inc.*:
   Quoniam logica. Additional copies in: London, British Library, MS
   Royal 12. B. XIX, fols. 123v–197[77]; London, Lambeth Palace, MS
   393, fols. 69r–173r(174r)[78]; Madrid, Biblioteca de Palacio, MS 3092,
   fols. 135–202[79]; Oxford, Bodleian, MS Rawlinson C. 677, fols.
   24–77[80]; Oxford, Oriel College, MS 35, fols. 5–43.

4. fols. 108r–109r. John Wyclif, *Summa insolubilium* (fragment). *Inc.*: Cum omnes (?) homines natura scire desiderant. Additional copies in: Oxford, Magdalen College, MS lat. 38, fols. 23ra–28vb (incomplete); Prague, Kapitulní Knihovna, MS 1506 (M. 145), fols. 59v–86v; Prague, Státní Knihovna ČSR, MS 1536 (VIII. E. 11), fols. 55v–72v; Salamanca, Biblioteca universitaria, MS 2358, fols. 33r–50r; Vienna, Nationalbibliothek, MS 5204, fols. 76r–96v.

5. fols. 110–115v. Robert Alyngton, *De sex principiis*. *Inc.*: Forma est compositioni contingens. Intentio auctoris in hoc libro est tradere notitiam de generibus respectivis.[81] Additional copy in: Oxford, Bodleian, MS Rawlinson C. 677, fols. 78v–96.

6. fols. 116–167v. William Milverley, *De sex principiis*. *Inc.*: Forma est compositioni contingens. Intentio auctoris in hoc libello est diffusius tractare de sex principiis respectivis.[82] Additional copies in: London, British Library, MS Harley 2178, fols. 78–101; London, Lambeth Palace, MS 393, fols. 173v(174v)–184(215)[83]; Oxford, Bodleian, MS Rawlinson, C. 677, fols. 110–129; Oxford, Magdalen College, MS lat. 47, fols. 67v–86; Oxford, Oriel College, MS 35, fols. 134v–152.

## II. The Attribution of the Text

Even without the direct attribution of the *Summa insolubilium* (hereafter: *SI*) to Wyclif in the *explicits* of the Vienna and Salamanca copies, there would be ample reason to link the text to him, if not as its actual author then certainly at least as the source of its doctrine. For Wyclif wrote another treatment of *insolubilia* as part of his discussion of conditional sentences in the *Logicae continuatio* (hereafter: *LC*), tract. 3, Ca. 8.[84] Although there are differences in presentation, the theory there is in all important respects identical to that in *SI*.[85] Moreover, this theory seems to have originated with Wyclif; no known discussion of the topic maintains this view earlier.[86]

But this identity of doctrine cannot by itself be construed as evidence for Wyclif's authorship of *SI*. For Wyclif's view on this topic had some influence, as we shall see below.[87] The similarity of views, therefore, does not allow one to assume without further evidence that Wyclif was the author of *SI*. Perhaps, for instance, a later author (such as John Tarteys, as two manuscripts have it) wrote *SI* and drew his material directly or indirectly from Wyclif.

Nevertheless we think additional fairly strong evidence does exist which tends to indicate that Wyclif was the author of *SI*. First, in para. 190 the author of *SI* responds to a question concerning the sentence 'Omnem propositionem quam distincte scis per horam futuram post hoc scies'.[88] On this matter, he says, "apud multos multiplex est responsio ut alibi diffusius est visum." The 'alibi' does not seem to refer to any other passage in *SI* but rather to a lengthy discussion of essentially the same sentence in *LC*.[89] To be sure, the 'alibi' does not strictly imply that the author of *SI* himself *wrote* that other passage to which he is referring, but that is by far the most natural reading. Again, it is of course possible that the 'alibi' refers to some entirely different text. But we have been unable to locate any plausible candidate.

A second piece of evidence is found in Wyclif's *De actibus animae*,[90] the authorship of which is not in doubt.[91] In Ch. 1 of that work, Wyclif argues against the view that mental acts are entities in the category of quality and really inhere in the soul. In one of his arguments, Wyclif claims that certain things can be said of mental acts that cannot without contradiction be said of any "absolute entity" such as a quality.[92] As an example, he says, consider the mental sentence 'Ego intellego hoc falsum', referring to itself, and let *a* be the mental act of understanding that sentence.[93] After devoting several lines to arguing that this case is a possible one,[94] Wyclif says:

> Quo admisso, patet quod *a* actus est verus, et falsus. Verus est, quia est res absoluta que vere informat suum subiectum, et falsus ex hoc quod est sic verum; cum tunc est ita quod ipse intelligit illud falsum. De hoc dicetur in I° libro de insolubilibus.[95]

The passage is far from clear and Dziewicki may have transcribed in incorrectly. Nevertheless it is the last sentence that concerns us. As Thomson observes, there is no discussion of 'Ego intellego hoc falsum' in either *LC* or *SI*.[96] The 'hoc' in the last sentence of the passage seems to be a general reference to the distinction of various ways of being true and false. As we shall see below, both *LC* and *SI* contain a discussion of such a distinction.

But what about the words 'in I° libro' in the last sentence of the above passage? The discussion of *insolubilia* in *LC* cannot plausibly be divided into "books" and cannot as a whole be regarded as the "first book" of anything; the entire passage is simply part of a larger treatment of conditional sentences that constitutes tract. 3, Ch. 8, of *LC*. On the other hand the internal divisions of *SI* are well marked, and it is not implausible to locate para. 8–24, which describe the various senses of 'true' and 'false', as "in Iº libro".[97] In short, in an indisputably authentic work Wyclif refers to a discussion of *insolubilia* in such a way that *SI* and not *LC* fits the description.[98]

Thomson cites a third bit of evidence, which we think must be rejected. According to his transcription of para. 1 in the Vienna manuscript, the text would read "ideo ex dei gratia plenam veramque insolubilium pro iuvenum erudicione in dei honorem aperte rescribo".[99] Thomson takes the 'rescribo' as evidence that the author is returning to *insolubilia* after having treated them before — presumably in *LC*.[100] But we read 'reserabo', not 'rescribo', so that the point is lost.[101]

Despite the failure of this last piece of evidence, we think the other facts cited above make it reasonably safe to attribute *SI* to Wyclif. There are, nevertheless, at least two contrary considerations. We do not think they are very weighty, either individually or together, but they should be pointed out.

First, there is no mention of an independent treatise on *insolubilia* in any of the catalogues of Wyclif's works preserved in four early Vienna manuscripts.[102] Their silence is of course not decisive,[103] and it should not be forgotten that, after all, Bale did attribute such a treatise to Wyclif.[104]

Second and more important, there is a close connection in some of the manuscripts between *SI* and works of John Tarteys. Both Prague manuscripts contain known works of Tarteys and attribute *SI* to him outright. And in the Salamanca manuscript, despite the attribution to Wyclif, the work is apparently included as the fourth book of Tarteys' *Logica*. If *SI* is in fact by Wyclif, and not by Tarteys, then how are these facts to be explained? Let us look closely at the evidence.

In all but the incomplete Oxford and Worcester copies, the work is explicitly ascribed. With minor variants, these attributions read as follows: "Et tanta de summa insolubilium subtilissimi doctoris magistri Iohannis Wycliff (or Tarteys) sufficiant."

How are we to understand the 'de' in the phrase 'tanta de summa insolubilium sufficiant'? One natural interpretation is to read the phrase as "So much for the *Summa insolubilium*", in the sense: "This is the end of that work". If we read it in this way, then the Salamanca and Vienna manuscripts attribute the work to Wyclif, while the Prague manuscripts attribute it to Tarteys.

But there is another way of reading this too. If we take 'tanta de summa insolubilium sufficiant' as "So much for the *Summa insolubilium*, in the sense: "This is the end of *our* discussion of that *other* work", then *SI* is not the work edited below at all, but rather some other, still unidentified work.

Some scholars seem to have taken the phrase in this second sense. Beaujouan, for example, describes the Salamanca copy as a *commentary* on Wyclif's
*SI*.[105] On this view, then, the text preserved in the Salamanca manuscript
is by Tarteys, not by Wyclif. It is in fact the fourth book of Tarteys' *Logica*,
and consists of a commentary on a separate work, Wyclif's *SI*.[106] Emden,
adopting the same view, describes the Salamanca manuscript as including
Tarteys' "*Logica*, of which book iv contains a commentary on the *Summa
insolubilium* of Jo. Wyclif."[107] W. R. Thomson, although he attributes the
text edited below to Wyclif, nevertheless cites Emden's paper to support
the claim that Tarteys did in fact compose a commentary on Wyclif's *SI*,
and included it as book 4 of his *Logica*. He goes on to say "Tarteys' work
may be found in Praha, MK M. 136 (1506), ff. 59v–86v."[108] But this is
just the Kapitulní Knihovna manuscript described above, and contains
the same text as the others.[109]

A similar reading of the phrase 'tanta de summa insolubilium sufficiant',
in this second sense, in the *explicits* of the two Prague manuscripts would
make them count as evidence that the text edited below is by *neither* Wyclif
nor Tarteys, but rather by some anonymous third party who was writing
a commentary *on* an otherwise unknown *Summa insolubilium* by John Tarteys!
We know of no one who holds this view. In the end, we think, it must
be admitted that the wording of the *explicits* is simply ambiguous and in-
decisive, and the fact that two of them refer to Wyclif while the other two
refer to Tarteys leaves the situation especially confused. In the absence
of further considerations, it would be altogether unclear how the evidence
of the *explicits* should be counted.

Perhaps the strongest consideration in favor of Beaujouan's and Emden's
view is the fact that the work is included in the Salamanca manuscript
among a series of treatises said to make up John Tarteys' *Logica*.[110] There
is, to begin with, the evidence of the sixteenth-century table of contents
at the end of the manuscript. Such late tables are not always to be
trusted,[111] but we do not have to rely on it alone. For the *Sophismata* that
begins on fol. 78v opens with the words: Nunc in hoc sexto et ultimo
libro. . .". This, combined with the words: Expliciunt summulae Tarteys,
at the end of the first treatise (fol. 14v), would seem to indicate that the
entire sequence of treatises through fol. 78v is one work, in six "books",
by Tarteys.

This consideration is seriously weakened, however, once it is realized
that the *Sophismata*, which describes itself as the "sixth book", does *not* in
fact appear to be the sixth treatise in the manuscript. The situation is
obscured by Beaujouan's conflating the copies of Tarteys' *Consequentiae* and

*De obligatione* in the manuscript into a single work. (They are distinguished in other manuscripts.)

There are complications. The *De expositionibus et impossibilibus*, which we have listed as item 5 in the manuscript, appears to include two quite different topics. Perhaps this is really two distinct works. Again, the *Termini logicales, cum brevi declaratione de numeris et figuris*, item 6 in our description, might also plausibly be regarded as two separate treatises. Nevertheless, if the sixteenth-century table of contents is to be trusted, neither item 5 nor item 6 should be split in this way. For the table refers to a "book 5" as containing a "tractatus de arithmetica speculativa". This appears to be a reference to the *Brevis declaratio* that begins on fol. 74r as part of item 6 in our description.[112] The table also describes the anonymous *De compositione continui ex non quantis*, item 8 in our description, as following "book 6".

Any further division of items 5 or 6 in the manuscript would therefore have the result that the *Brevis declaratio*, now listed as part of item 6 in the manuscript, would have to be renumbered as belonging to a seventh or even an eighth treatise in the sequence. And the *Sophismata* in "book 6", now listed as item 7 in the manuscript, would have to be renumbered as belonging to an eighth or even a ninth treatise in the sequence. In short, any further division of items 5 or 6 would only aggravate the disparity that already exists between the number of treatises actually found in the manuscript and the ways in which they describe themselves and are referred to in the sixteenth-century table.

The most plausible way to accommodate that table, and the description of the *Sophismata* as "book 6", seems to be to count the treatises in the manuscript as we have done in our description above, and to conclude that the manuscript contains *an extra treatise that does not belong to the sequence*. Items 1–3 are known works of Tarteys, and are moreover also found together in the Kapitulní Knihovna manuscript. Item 5 ends with the words "et huic libro finem pono", and must therefore be regarded as part of the sequence of "books". Item 6 begins with a reference ahead to "book 6". And item 7 describes itself as "book 6". It appears to be only item 4 that does not fit. And that is the work we describe as the *Summa insolubilium* and attribute to Wyclif, in accordance with a plausible reading of the *explicits* in the Salamanca manuscript itself and in the Vienna manuscript. In short, we think the Salamanca manuscript, despite first appearances, offers no support for the attribution of this text to Tarteys.

Finally, there is one other consideration, perhaps a decisive one, against Beaujouan's and Emden's view that the phrase 'tanta de summa insolubilium sufficiant' means that our work is *about* another treatise, an otherwise unknown *Summa insolubilium* by Wyclif. On such a view, we are left with the embarrassing fact that the phrase simply does not describe the treatise we have. There is no hint anywhere in the text that it is "about" some other work. It is not in any sense a commentary, and makes only the most general and oblique references ("alibi est visum", etc.) to other writings on the topic.

But if this work is in fact by Wyclif, how is the attribution to Tarteys in the two Prague manuscripts to be explained? It would be easier to explain how it came to be attributed to Wyclif if the work is in fact by Tarteys. For the doctrine is certainly Wyclif's, even if the actual treatise is not. In the end, we do not know how to account for the attribution to Tarteys, but we do not think it should be allowed to outweigh the other evidence gathered above; false attributions are almost always hard to explain. In the present case, it is perhaps worth noting that the same Státní Knihovna manuscript attributes William Milverley's *Universalia* to "W. M. de Tartis" even though, as far as we know, the 'de Tartis' is utterly gratuitous in connection with Milverley.

It should be emphasized that the attribution in the Prague manuscripts is the *only* positive evidence against attributing the work to Wyclif. Opposed to this, we have (quite apart from the doctrinal agreement, which we have argued should be given little evidentiary weight by itself), the *explicit* in the Vienna and Salamanca manuscripts, the reference to *LC* in *SI*, para. 190, and the apparent reference to *SI* in Wyclif's *De actibus animae*. On balance, therefore, it appears that the *Summa insolubilium* can tentatively, but with reasonable confidence, be attributed to John Wyclif.

## III. *The Date of the Text*

On the assumption that *SI* was indeed written by Wyclif, we can very probably date the text in the early 1360s. The dating of Wyclif's philosophical treatises is a matter of considerable uncertainty.[113] Nevertheless, the best estimate for the date of *LC* puts it between 1361 and 1363,[114] and there is some reason to think *SI* was written after *LC*: the reference to *LC* at the end of *SI*, para. 190, is in the perfect tense ("alibi . . . est visum"). Dziewicki, the editor of the *De actibus animae*, dates that work before the *Logica* and *LC*, for reasons that are not entirely persuasive and that rest in part on taking the sentence 'De hoc dicetur in I° libro de insolubilibus' to refer to the discussion in *LC*.[115] We have argued that the reference is instead to *SI*.[116] Thomson, for reasons that are not altogether

clear, advances the date of the *De actibus animae* to 1364[117] and, apparently recognizing that the future-tensed reference there is to *SI*,[118] hazards
a date of 1365 for the latter.[119]

The future tense in the reference in the *De actibus animae* should not be
over-emphasized. Wyclif frequently gives rather precise future-tensed
references, in a way that indicates that, despite the tense, the work referred to is already at hand or at least sketched out fully enough to make
such a reference possible. Perhaps Wyclif worked on several of these treatises
simultaneously, or perhaps he went back later to revise an earlier treatise
and added the exact reference then.[120]

Thomson observes that the colophon of the Vienna manuscript "calls
Wyclif simply *magister*, which, if we accept its accuracy, would place the
work before 1372, the date of his doctorate."[121]Unfortunately, the Státní
Knihovna and Salamanca manuscripts have 'doctoris magistri' at this
point.[122] The Státní Knihovna manuscript of course attributes the work
to Tarteys, not to Wyclif. But, apart from this colophon, there is no evidence
that Tarteys ever advanced beyond the rank of *magister* in the faculty of
arts; all the works attributed to him are works appropriate to the arts
faculty.[123]

Nevertheless, there is every reason to date *SI* before, even well before,
1372. Such logical writings almost invariably were written during the early
years of one's academic career, and were products of the faculty of arts,
not of theology.[124] Wyclif received his doctorate in theology in 1372, and
was Master of Theology already in 1363.[125] Hence there is good reason
to date *SI* early in the 1360s.

On balance, therefore, we think that Thomson's suggested date of 1365
for *SI* is, if anything, too late, but in any case cannot be wrong by more
than a few years. We would say simply: "the early 1360s".


## *IV. The Internal Divisions of the Text*

In *SI*, para. 124 and 154, there are references to certain conditions that
are said to be listed "capitulo primo". The references appear to be to para.
16. Again, as we have seen, Wyclif's *De actibus animae* refers to the "first
book" of *SI*, most likely to para. 8–24.[126] These references clearly indicate
that *SI* is meant to be divided into books and chapters. How then is that
division to be made?

All the manuscripts of *SI* we have seen mark internal divisions of the
text by leaving spaces for initial capitals (which may or may not have been

actually filled in). Before breaking off incomplete, **W** leaves a blank space at the beginning of para. 1, and actually fills in the wrong capital letter at the beginning of para. 8. In **M, P** and **V** blank spaces occur at the beginning of para. 1, 8, 25, 43, 81, 97, 112, 129, 137, 159, 197, 201, 215, 217, 227, 251, 258. **M** fails to mark a division of any kind at para. 215 (and of course at para. 43, 137, 159, and 258, because the relevant parts of those paragraphs are missing). At para. 258, **P** fails to leave a blank space, but nevertheless signals a division of the text by leaving the preceding line short and putting the initial 'I' of 'Iam' (the first word of para. 258) in the left margin. With these two exceptions, the manuscripts agree in leaving initial blanks at exactly the same points in the text. This agreement suggests that the divisions have some authority. Moreover, they do come at natural breaking points in the text. Thomson refers to these divisions as "chapters",[127] and in fact **M** marks these divisions in the margin as "chapters". But in that case para. 16 occurs in the second chapter, not in the first as the reference in para. 124 and 154 would indicate.

There is another division of the text suggested in para. 1, where Wyclif sketches the procedure he will follow in the treatise. He will write the *Summa insolubilium*, he says:

> praemittens primo de propositionum denominationibus principia generalia. Secundo insolubilia quidditatem pertractans de eorum convertibilitate ac contradictione principia specialia subiungam. Et tertio ipsa principia insolubili categorico deinde insolubili hypothetico finaliter sunt applicanda.[128]

These three topics are treated in para. 8-42, 43-80, and 81-273, respectively.

In view of all this, we suggest the following as a plausible articulation of the text. Para. 1-7 constitute a kind of introductory Prologue to the whole treatise. The threefold division indicated in para. 1 corresponds to three "books": Book 1 from para. 8 to para. 42, Book 2 from para. 43 to para. 80, and Book 3 from para. 81 to the end, subdivided into two parts, the first (on categorical *insolubilia*), in para. 81-216, and the second (on hypothetical *insolubilia*), in para. 217-273. The divisions marked in the manuscript by initial blanks then indicate "chapters" within those books.

This schema results in three sections that are perhaps suspiciously short to be designated "books", especially the first two. But it does have the advantage of accommodating most of the evidence. Para. 8-23, which contain the discussion the *De actibus animae* refers to as "in I° libro de insolubilibus", on this division do in fact occur in the first book. And para.

16, which is referred to later as in "capitulo primo", is in fact in the first chapter of Book 1. The division is perhaps not completely satisfactory,[129] but in the absence of any compelling reason to the contrary, we have adopted this schema in the edition below.

## V. A Preliminary Sketch of Wyclif's Theory of Insolubilia

It would be premature to attempt a detailed philosophical study of Wyclif's theory of *insolubilia*.[130] Nevertheless, the following remarks may help to introduce the reader to this difficult text.

An *insolubile* is a semantic paradox or antinomy like the famous Liar Paradox, 'This sentence is false'. Such paradoxes were widely discussed in late mediaeval logic.[131] For Wyclif, the key to solving them is to distinguish the various senses in which a sentence can be said to be true or false. There are three primary senses[132]:

(1) Any sentence, like any being, is true in the transcendental sense in which 'being' and 'true' are convertible terms. This sense is rarely used in logic, and is of only minor importance in the theory of *insolubilia*.

(2) In a second sense of the term, a sentence is true if and only if what it primarily signifies exists. In *SI*, Wyclif says very little about the ontology of these "primary significates",[133] but in *LC* he explains:

> Istae tamen veritates nec sunt substantiae nec accidentia, sed entia logica vel entia rationis. Et voco primarium significatum signi cuiuscunque quod primo et principaliter apprehenditur toto signo, ut iste terminus 'homo' primarie significat hominem, et hominem primarie significat in communi, sed nec istum nec illum, quocumque individuo demonstrato, sed speciem vel naturam humanam quam principaliter intellectui repraesentat. Nec ista 'Omnis homo est' primarie significat quod iste homo est vel quod omne ens est ratione verbi transcendentis quod est pars dictae propositionis, sed primarie significat quod omnis homo est, quod primo et principaliter apprehenditur toto signo. Et sic de omnibus similibus iudicandum.[134]

(3) In a third sense of the term, a sentence is true if and only if what it primarily signifies exists and is "independent" of the sentence itself.

This notion of "independence" is a complex and difficult one in Wyclif's theory. It will be discussed further below.[135]

Truth in sense (2) requires in effect that the sentence correspond to or express a fact or actually existing state of affairs on the side of reality. In the usual case, this fact or state of affairs is in the relevant sense "independent" of the sentence itself, and in that case the sentence is true not only in sense (2) but in sense (3) as well.

According to sense (2), then, a sentence is true if it primarily signifies an existing being.[136] But there are three subcases: the primary significate of such a sentence may be either (a) the sentence itself, (b) some (distinct) being dependent on the sentence itself, or (c) a being altogether distinct from and independent of the sentence itself. Case (c) is identical with sense (3) of the word 'true', so that sense (2) is a general sense that includes sense (3) as a special case.

In para. 16, Wyclif explains what it means for a being to be "independent" of a sentence. Such a being, he says, must be neither (i) the sentence itself, nor (ii) an accident inhering in that sentence, nor (iii) "ens ab ipsa obiective, tamquam a suo supposito, immediate ut huiusmodi causatum".[137]

If conditions (i)–(iii) are required for a being to be "independent" of a sentence then, although Wyclif does not explicitly say so, presumably the failure of any of those conditions will suffice for a being to be "dependent" on a sentence. If condition (i) fails, the sentence will be "true" in sense (2) of the term, and in particular by case (a) above. If either of the other two conditions fails, the sentence will likewise be "true" in sense (2), but this time by case (b) above.

Putting all this together, it is clear that Wyclif's three kinds of truth admit of a finer analysis into *five* ways in which a sentence may be true:

(A) in sense (1) above;

(B) in sense (2), case (a), because of the failure of condition (i);

(C) in sense (2), case (b), because of the failure of condition (ii);

(D) in sense (2), case (b), because of the failure of condition (iii);

(E) in sense (3) above — which is identical to sense (2), case (c).

If a sentence fails to be true in one of the above senses, it is said to be false. Thus there are correspondingly three primary senses of falsehood.[138] Just as the three primary senses of truth are progressively narrower and more restrictive, so the three main senses of falsehood are progressively broader and more inclusive. Nothing at all — that is, no existing thing at all — is false in the first sense. In the second sense, any sentence that fails to express a fact is said to be false. But in the third and broadest sense, a sentence may be said to be false *either* because it fails to express a fact *or* because the fact it expresses is not "independent" of the sentence itself.

Thus in the paradigm case in which Socrates says only the sentence 'Socrates is speaking a falsehood' (*Sortes dicit falsum*),[139] if Socrates' self-referential sentence — call it $X$ — expresses a fact at all, that fact is dependent on the very sentence that expresses it, namely on $X$ itself. Hence $X$ is false in the third sense. Therefore, if the word 'false' in $X$ is taken to mean "false in the third sense", then $X$ does express a fact after all, and so is *true* in the second primary sense of the term.[140]

But what if the word 'false' in $X$ is taken to mean "false in the *second* sense"? Then $X$ in effect says of itself that it fails to express any fact at all. The sentence is still false in the third sense, for the same reason as before. But is it now true or false in the second main sense? In general, any sentence is true in sense (2) if it expresses a fact, and false if it does not. But, with 'false' taken in the second sense, $X$ says that $X$ itself fails to express a fact. Hence $X$ expresses a fact if and only if it is a fact that $X$ fails to express a fact. In short, $X$ is true in sense (2) if and only if it is not. The paradox has reemerged.

It is at this point especially that Wyclif's theory is probably least satisfactory and certainly most obscure.[141] Note that Wyclif cannot simply say that $X$ in this case is *neither* true nor false in the second sense, since falsehood in the second sense is just *defined* as the failure of truth in sense (2); Wyclif's own definitions rule out a *tertium quid*. Neither will it do to say that a paradox involving truth in sense (2) is a tolerable result, since it is sense (3) that was designed to handle the paradoxes. That approach does not get rid of the problem; it only moves it. Wyclif still appears to be committed to contradiction.

This brief sketch leaves many unanswered questions about the text. But until Wyclif's overall philosophical and logical views have been studied in greater detail, it would be hazardous to try to answer these questions on the basis of *SI* alone.

## VI. The Influence of Wyclif's Theory of Insolubilia

Wyclif's theory of *insolubilia* had at least some influence. Both *SI* and the discussion in *LC* were used by later authors. Although the present state of research does not yet allow this influence to be traced in detail, nevertheless at least two later treatises can be shown to depend on it. The first is Robert Alyngton's *Insolubilia*, written in the 1380s or slightly before.[142] In one manuscript, the *explicit* openly acknowledges the work's indebtedness to Wyclif.[143] And in fact Alyngton explicitly says several times that he is basing his treatise on Wyclif's *LC*. At the beginning of the work, for instance, he says "suppono quaedam tradita in tertio tractatu logicae magistri Johannis Wyclif."[144] and then goes on to quote verbatim whole passages from Wyclif's discussion of four preliminary assumptions of his treatment of *insolubilia* in tract. 3 of *LC*.[145] The fourth preliminary assumption distinguishes three senses in which a sentence may be true or false.[146] In the first sense, every sentence is true insofar as it is a being, since 'being' and 'true' are convertible. Wyclif remarks, "Vero autem isto modo dicto opponitur falsum contradictorie, ut dictum est in principio totius tractatus."[147] Alyngton, who continues to copy Wyclif here, appropriately changes the 'totius' to 'illius'.[148]

Again, in a second sense of the term, a sentence may be said to be "true" because it primarily *signifies* a truth.[149] Alyngton inserts the remark, "Et isto modo descripta est propositio vera in principio tractatus primi eiusdem magistri Johannis Wyclif."[150]

Alyngton clearly recognized that his own theory of *insolubilia* was based on Wyclif's. Just as clearly, however, it was in *LC* that Alyngton found this theory; there is no evidence whatever that Alyngton knew or used *SI* or that, if he did know it, he thought of Wyclif as its author.

The situation is somewhat different with a second late treatise on *insolubilia*. An incomplete copy of this treatise is preserved in Prague, Státní Knihovna ČSR, MS 906 (V. E. 12), fols. 38r–49r.[151] Although the work is anonymous, there is some reason to believe the author's name was 'Martin'.[152]

This treatise shows definite links both to Wyclif's discussion in *LC* and to *SI*. Most of the first folio parallels *SI*, para. 2–29. The correspondence is much looser than that between Alyngton's text and *LC*, but it is undeniable nonetheless. The author begins by stating three preliminary assumptions.[153] These correspond exactly to the three assumptions in *SI*, para. 2–4, which differ both in number and to some extent in content from the four assumptions at the beginning of the discussion in *LC*.[154] The author's arguments in support of the third assumption are different from those in *SI*, para. 4–7, but that assumption is almost verbatim the same in the two places.

Next the author lists five ways in which a sentence may be said to be true.[155] These correspond to the three ways distinguished in *SI*, para. 10–12, and discussed further in *SI*, para. 13–24. The difference in number does not indicate any difference in doctrine. The author's five kinds of truth can be obtained by simply regrouping the five senses (A)-(E) distinguished in section V, above. His first sense, like sense (1) of *SI*, is just (A) of section V, above. His second sense, like sense (2) in *SI*, includes (B)-(E). His third sense includes both (C) and (D), and so is a subcase of his more general second sense. His fourth sense is just (D), and so is likewise a subcase of the second and third senses. The last sense of the word 'true' is just (E), and so is a subcase of the second sense, just as it is in *SI*.

There is therefore no conflict here between *SI* and the *Insolubilia* in Prague MS 906. On the contrary, there is every reason to think that the Prague *Insolubilia* is here linked to *SI* and *not* to *LC*. For although *LC* distinguishes the same three senses of 'true' as does *SI*,[156] there is nothing in *LC* corresponding to the discussion of "independence" in *SI*, para. 16,[157] so that there is no obvious way to distinguish (C) and (D) above on the basis of the text in *LC*. Moreover, certain characteristic sentences are common to both the Prague *Insolubilia* and *SI*, but are missing from *LC*. For instance, at the end of the discussion of the first sense of 'true' in *SI*, para. 10, we read: "Et de isto modo non loquuntur sophistae nisi raro." Prague MS 906 has "Et de isto modo veritatis sophistae non loquuntur nisi raro" in the corresponding place.[158] There is no similar sentence in the discussion in *LC*.

The Prague *Insolubilia* subsequently states three conditions required for a sentence to be "insoluble".[159] These are essentially the same as the three conditions listed in *SI*, para. 25, and discussed in the subsequent paragraphs. There is no similar list of conditions in *LC*.[160]

On the other hand, later in the Prague *Insolubilia* the author discusses and argues briefly against six previous opinions on "insolubles".[161] The discussion is a close paraphrase of *LC*,[162] although it is not as detailed. There is no such list of opinions anywhere in *SI*.

We have described the Prague *Insolubilia* at such length in order to establish its close links to both *LC* and *SI*. That text and Alyngton's *Insolubilia* together show that Wyclif's views on this topic enjoyed at least a modest circulation in the late fourteenth and early fifteenth centuries, and were adopted by other authors.

## VII. The Edition

Among the manuscripts we have seen, there appear to be two distinct traditions. The text in **W** is clearly very closely related to that in **M**, as a glance at the apparatus will show. Until the fragmentary **W** breaks off in para. 17, the agreement is quite striking. **V** shows links to both **MW** and **P**. In several instances, **V** originally had a reading agreeing with **MW**, and then was "corrected" (interlinearly, in the margin, or in the line itself) to agree with **P**. But there are many important places where **V** originally agreed with **P** against **MW**. Some of these are mentioned below. Manuscripts **MW**, therefore, appear to belong to the same family, while manuscript **P** belongs to a separate group. **V** stands in the middle. It shows readings from both traditions, although a corrector has gone over the text to make it agree more with **P** than it did originally.

On the whole, the **MW** tradition (represented by **M** alone after para. 17) is not an especially reliable one. Note, for instance, the 'impossibilis' for 'necessaria' and the 'asinus' for 'animal' in para. 6.[163] Again, note 'correspondentia' for 'carentia' throughout para. 22, the omission of an important 'non' in para. 19, and the omission of 'Et secundo pars patet' in para. 23. In all these places, **V** agrees with **P**. On the other hand, **MW** do have the 'materiam' in para. 1, where **PV** have no noun at all. And **M**'s 'falsitas' in para. 19 is preferable to **PV**'s 'veritas'. Again, **M** is to be preferred in para. 24, where **PV** add a spurious 'modo' after 'Secundo'. In para. 25, lines 4–6, **M** omits the occurrences of 'aut proponens' or 'aut propositum' that are present in **PV**. This suggests that perhaps **PV** are here reporting variant readings, so that the 'aut proponens', for instance, means "Some manuscripts have 'proponens'". (None of the manuscripts we have seen has just this.) In a great many places, **M** has 'significat significationem quae est' and similar phrases where **PV** have 'significat significatione quae est'. According to our reconstruction of Wyclif's doctrine, the latter reading is preferable. But it would be presumptuous to be too confident of this until our overall picture of Wyclif's logical views has become clearer.

In this complex situation, we have adopted what we think is a reasonable policy. We have chosen **P** as the basis for our edition. It presents perhaps the best text on the whole, particularly in the early parts of the treatise, although in a few places later on it is hopelessly confused. Apart from its generally reliable text, there is one other decisive reason for choosing **P**: of the manuscripts we have seen, *it is the only one that has the complete text*. (**M** has only about sixty percent of the treatise, **V** omits a folio, and **W** is only a fragment.) Rather than present a hybrid edition that does not consistently follow any one manuscript tradition, we have thought it better to follow **P** for the most part, with only such departures as we think can be justified.

This means that we have not followed **P** slavishly. Where **M**, **V** or **W** appears to have the preferred reading, we have followed it even if **P** can be construed and makes sense as well. That is, our policy is not to follow **P** except when we simply cannot, but rather to follow **P** except where there is some positive *reason* to prefer another reading.

This policy calls for some delicate judgments. In order therefore to allow the reader to check our decisions in individual cases, we have included *all* variants in the apparatus, including apparently trivial ones such as 'iste'/'ille'. In most instances, the reason for our choice will be obvious. In particularly troublesome cases, we have given a short account of our reasoning in Appendix B. Such cases are signaled by an asterisk (*) in the apparatus.

It is regrettable that we were unable to obtain microfilm copies of manuscripts **K** and **S**, which would no doubt have helped to clarify the manuscript tradition of this work. Nevertheless, we are confident that their readings would not substantively alter the text. There are two places, however, where the reader should be especially wary. First, between paragraphs 185 and 194, **V** omits an entire folio of text. For part of this passage (para. 191–194), we have the testimony of **M**, but for the remainder, our edition relies on **P** alone. Second, in para. 170, we have been forced to postulate a lacuna in the text, and para. 170–172 in general appear to be hopelessly corrupt.[164] **M** is lacking this part of the text entirely. Here especially another manuscript would have been most welcome.

In **V** we occasionally find a few words of old Czech inserted to fill out the line at the end of a chapter. Thus on fol. 80r, at the end of Book 1, Ch. 2 (para. 42), we read *Buoh s namy racz byty* ("God, please be with us"); on fol. 92v, at the end of Book 3, Ch. 9 (para. 216), there is *kterak sye nassym czechom vyede v Praze* ("how it goes with our Czechs in Prague"); and on fol. 95r, at the end of Book 3, Ch. 12 (para. 250), we find *Buoh s namy* ("God with us").[165] We have included these passages in the apparatus.

We have noted all interlinear text in **M**, **P** and **V**. (**W** has none.) Especially in **V**, this interlinear material is sometimes obviously a gloss and not a correction. With *marginalia*, we have had to be more selective. We have tried to include all *marginalia* that can possibly be construed as corrections or glosses, as well as any other *marginalia* that seem to be of special interest. But, in **V** especially, there are a great many other *marginalia* that seem to be nothing more than mnemonic notes. We have not recorded these. All interlinear and marginal material in **P** and **V** appears to have been written in hands different from the ones that wrote the body of the text. There is little such material in **M**, but most of what interlinear insertions there are appear to be in the same hand as the one that wrote the body of the text. One cannot be entirely confident, however, from the microfilm copy alone. Some are decidedly *not* in the same hand. The two *marginalia* in **W** seem to be in the copyist's own hand.

**M** has some trouble with his abbreviations for 'illa' and 'ita'. In general, his abbreviation for 'ita' has an 'i' with an "open" 'a' above it; we have read this always as 'ita', even where 'illa' or something else is required. His 'illa' comes in two forms: (1) an 'i' with a "closed" 'a' above it, the 'a' looking a little like the lower-case 'a' of modern English cursive handwriting; (2) an 'i' with a "closed" 'a' above it, the 'a' looking more like a lower-case printed 'a', as on this page. We have always read both of these as 'illa', even where 'ita' or something else is required. **M**'s use of these abbreviations seems to become more consistent and regular as one reads further into the text.

Also in **M**, there are several places where words or parts of words on the inner margins are invisible in the binding, at least in microfilm. In most such instances, there is no reason to assume a variant, but the fact remains, we cannot see what the manuscript has there. In such cases, the apparatus includes the conjectured reading in pointed brackets, with a question mark in parentheses before the final bracket. Thus, at the very beginning of the Prologue, the apparatus has: ⟨Primum (?)⟩ capitulum **M**. Note that these cases should be carefully distinguished from editorial insertions, which are signaled by pointed brackets without a question mark.

In addition to the variants, the apparatus contains external references as well as internal cross references and an occasional short explanation of an ambiguous 'hoc' or 'sic'. In dubious or difficult cases, we have given a fuller explanation in Appendix B, and signaled the fact by an asterisk in the apparatus.

In a few instances we have thought it appropriate to explain or question a point of theory. Here too we have included an entry in Appendix B, signaled by an asterisk in the text or apparatus. We have tried to keep this last kind of entry to a reasonable minimum, since we think it is premature to attempt anything like a philosophical commentary on this text.[166] Nevertheless, in some passages Wyclif's argument is so condensed and obscure that we thought it best to offer at least this much help.

Thomson transcribed a few passages of the text on the basis of **V**: the whole of para. 1, the first few lines of each of the following chapters, and the *explicit*.[167] In a few instances Thomson's reading of **V** disagrees with our own. In such cases we have included a reference to his paper in the apparatus.

The division into paragraphs is our own. We have normalized the orthography in accordance with Lewis and Short, *A Latin Dictionary*. The manuscripts have been examined in microfilm and photocopy only.

We wish to thank Murlin Croucher and Barbara Halporn of the Indiana University Library, Paul O. Kristeller, Ivan Mueller and Williell R. Thomson for their help. We are also grateful for the kind cooperation of the libraries of Xavier University of Louisiana and the University of Arizona, the Státní Knihovna in Prague, the Österreichische Nationalbibliothek in Vienna, Worcester Cathedral Library, the University of Birmingham, the Bodleian Library, and the Hill Monastic Manuscript Library in Collegeville, Minnesota.

# Notes to the Introduction

1. Thomson, "Unnoticed MSS", pp. 134–144. In the notes here and below, 'Thomson' refers to S. H. Thomson. 'W. R. Thomson' refers to Williell R. Thomson. These and other authors' full names and complete bibliographical information are given in the Bibliography below. References in the footnotes will be by author's surname and, where necessary, a short title.

2. Bale, *Scriptorum*, p. 454. He does however describe it as consisting of "one book" (*ibid.*). See also Shirley, p. 52. Bale does not mention the work in his earlier *Illustrium*.

3. Thomson, "Unnoticed MSS", p. 140, describes it as "hitherto unnoticed".

4. W. R. Thomson, p. 11, and p. 12 n. 3, refers to yet another fragmentary copy in Vienna, Nationalbibliothek, MS 5239, fols. 146r–147v. This information apparently comes from *Tabulae codicum . . . Vindobonensi*, IV, p. 71, which lists "Johannes Wiclef, Tractatus de propositionibus insolubilibus" on these folios. (W. R. Thomson adds the claims that the copy there is fragmentary, was written around 1400, and is ascribed to Wyclif in a Bohemian hand.) Nevertheless, an examination of the manuscript in microfilm shows that it contains no copy of this or any other work of Wyclif's, either on the indicated folios or elsewhere. Fol. 146r in fact contains part of a text that has been almost entirely inked over, and has thus been effectively obliterated. Nevertheless, a few words visible at the edges of the inked over area—"De tabula" at the top of the folio, and "De tabula (followed by an illegible word) quae dicitur horizon . . ." at the bottom—suggest that the obliterated text was a continuation of the astronomical discussion that occupies the preceding and following folios. Fol. 146v begins with a reference to "Quarta pars huius instrumenti". In a word, the manuscript contains no part of the text edited below.

5. On Tarteys, see Emden III, p. 1849, and Fletcher, pp. 183–184. (In these notes, a simple 'Emden' will refer to his *Biographical Register*. Where his "Additions" is meant, it will be so specified.)

6. The descriptions are based primarily on Podlaha, pp. 354–355; Coxe, II, Magdalen, pp. 22–23; Truhlář, I, pp. 566–567; Beaujouan, pp. 148–151; *Tabulae codicum . . . Vindobonensi*, IV, pp. 57–58; Thomson, "Unnoticed MSS", pp. 140–144; Floyer and Hamilton, pp. 137–138; and our own examination of the microfilms. We have been unable to obtain microfilms of manuscripts **K** and **S**. For manuscripts **P** and **W**, we have seen microfilm copies only of the folios that contain the *Summa insolubilium*.

7. Manuscripts from the Kapitulní Knihovna are now housed in the Archiv Pražského Hradu in Prague.

8. See De Rijk, p. 149.

9. See the description of the Salamanca manuscript below.

10. Podlaha, p. 355: "pro clarificatione intellectus requiritur. Et tantum de sententia ( = summa?) insolubilium Magistri Johannis Tartis. . . ."

11. On John Chesterfeild or Chesterfeld, see item 22 below.

12. Coxe, II, Magdalen, p. 22, asks "an ex Rob. Kylwarby". The treatise cites Kilwardby, fol. 2r9: ergo facultatis excellentiam declarat Kylwardby in libro de divisione scientiarum.

13. fallaciis] et cetera *add. sed del.*

14. See the following note.

15. Despite the inscription at the end of item 8 above, the present text does not appear to be a continuation of the preceding one. Both the "opponens" and the "respondens" are discussed in the present text. See, e.g., fol. 13vb16: Pro parte respondentis sunt cautelae undecim, quarum prima. . . .

16. amator . . . amores] *i.m. sup. col.*

17. This is the first of several university graduation addresses and exercises in the manuscript, from the arts faculty at early-fifteenth century Oxford. See also items 13, 15, 19–23 & 25 below. On mediaeval graduation exercises at other times and in other universities, see Lewry and Schlam. Because of the inherent interest of these texts, we have described them in some detail below. Coxe, II, Magdalen, p. 22, describes the present passage as a "Tractatulus in laudem artis logicae". The title *Commendatio logicae* is taken from an inscription above the margin at fol. 15rb. After a few more alliterative lines like the ones quoted above, the author continues: creator constantissimus qui cuncta condidit cum colore consuetudinem congruam constituit conservari pie a tempore a quo vix est memoria in hac alma universitate matre nostra. . . .

18. 'Super' is illegible in the microfilm. We follow Coxe, II, Magdalen, p. 22.

19. This treatise is not among the works (including several pseudonymous works) discussed in Balič.

20. diversitas] disparitas *gl. add. sup. lin.*

21. In] Inductio *add. i.m.*

22. Coxe, II, Magdalen, p. 23, describes the work as "Quaestiones in Aristotelis Physicorum librum primum", presumably on the basis of the *incipit* to the question on fol. 22vb. See item 16 above.

23. The correct sequence is as follows: Fol. 23 contains para. 1 through the first part of para. 26 of the edition below. The remainder of para. 26 through part of para. 50 are omitted ( = 1 folio). Fols. 25–26 contain the remainder of para. 50 through part of para. 107. Fol. 24 contains the remainder of para. 107 through part of para. 135. The remainder of para. 135 through part of para. 191 is omitted ( = 2 folios). Fols. 27–28 contain the remainder of para. 191 through part of para. 253. The remainder of para 253 through the end of the treatise is omitted ( = almost a full folio).

24. This does not seem to be part of the preceding question, but rather a ceremonial address.

25. The title is taken from an inscription at the top of fol. 43r.

26. Honorande] Prologus *add. i.m.*

27. Before the *explicit*, in what appears to be a different ink: Quod (then an illegible word) Iohannes Chesterfeld. See item 1 above.

28. Utrum] Quaestio in inceptione *add. i.m.*

29. Utrum] Problema *add. i.m.*

30. Both questions are marked "Quaestio in inceptione" in the margin.

31. Richter and Friedberg, II, cols. 1291–1292.

32. Goldast, II, cols. 1392–1410; Brown, II, pp. 466–486. The *explicit* quoted above is not the same as that in the editions.

33. The folio numbers in parentheses are as marked in the manuscript, and are completely unreliable. See James and Jenkins, p. 543.

34. The manuscript also contains a text described by Truhlář as Wyclif's *Summulae, Suppositiones* and *Consequentiae*, fols. 1r–31v. Thomson identifies this as the first two tracts of Wyclif's *Logicae continuatio*. See Thomson, "Unnoticed MSS", p. 25.

35. See para. 273 of the edition below.

36. On Whelpdale, see Emden III, pp. 2031–2032, and Fletcher, pp. 183–184.

37. According to Warner and Gilson, II, p. 17. See *Catalogue of the Harleian Manuscripts*, II, p. 547. See also item no. 1 above.

38. See the discussion of this manuscript in De Rijk, pp. 141–150, at p. 147. De Rijk's folio references throughout his description of this manuscript are not the same as those in Coxe.

39. According to *Summary Catalogue*, no. 2593, the text is a *Materia de modis* with the same *incipit* as above.

40. Prague, Státní Knihovna ČSR, MS 1570 (VIII. F. 16), fols. 1r–61v, contains a *Summulae de propositionibus*, and a librarian's note: Matthiae Engliss de Hnaticz Summulae collectae de libris Johannis Wyclif et Johannis Thartis. (Truhlář, I, p. 582.) Perhaps the reference is to Tarteys' *Summulae* as described above.

41. Truhlář combines items 6 and 7 under the title *Summulae cum obligatoriis*, and quotes the *explicit*: Expliciunt summulae Mag. Ioh. Tartis. . ., as though the two were one work. He also gives fol. 132r for the end of the work. But see De Rijk, p. 149.

42. See De Rijk, p. 149.

43. See the discussion of the Salamanca manuscript below.

44. On Milverley, see Emden, II, p. 1284, and Klingsford.

45. *Summary Catalogue*, no. 2593, not no. 2595 as stated in Emden, II, p. 1284.

46. See also De Rijk, p. 145.

47. Perhaps the author is Roger Whelpdale (see n. 36 above), but this is pure speculation.

48. Dziewicki, ed., *Misc. Phil.*, II, pp. 1-151.

49. *Ibid.*, p. vi.

50. Thomson, "Some Latin Works", pp. 383-384.

51. For these three copies, see *ibid.* We have been unable to verify these references.

52. Minio-Paluello, ed., pp. 129-175.

53. Cited in Pinborg, p. 80 n. 27. Pinborg there dates the work 1334, and refers to an edition being prepared by R. Palacz.

54. Cited in Thorndike, III, p. 375 n. 4. The manuscript dates the work 1332.

55. *Ibid.* The *explicit* in the Prague manuscript reads: Expliciunt defensiones determinationis Mgri. Johannis Buridani de diversitate generis ad speciem, quas idem magister congregavit a.d. 1333. . . . The *explicit* in the Klosterneuburg manuscript reads exactly the same, except that, according to Thorndike (*ibid.*), it gives the date 1335.

56. Beaujouan, p. 151.

57. Beaujouan, p. 148, combines this work with the following one. But see De Rijk, p. 149. We have been unable to determine where the division between the two works falls.

58. See the preceding note.

59. See De Rijk, p. 149.

60. Beaujouan, p. 148: Et tanta de summa insolubilium subtilissimi doctoris magistri Iohannis Wycliff sufficiant. . . .

61. The two quite distinct topics discussed on these folios suggest that perhaps this text should be divided and regarded as two separate works. See the discussion in section II below on the division and numbering of the treatises in this manuscript.

62. The two parts of this treatise suggest that perhaps it too should be regarded as two separate works. See the discussion in section II, below.

63. A new hand wrote fols. 101r–123.

64. See De Rijk, p. 142.

65. See De Rijk, p. 147.

66. See the notes to the description of manuscript **P**, item 4, above.

67. See Mueller and Kenny.

68. Thomson, "Unnoticed MSS", p. 140. Wyclif's *De religione privata* is edited in Buddensieg, pp. 483-536.

69. On Alyngton, see Emden, I, pp. 30-31, and Fletcher, p. 184.

70. According to Emden, I, pp. 30-31.

71. See De Rijk, pp. 135-136.

72. *Ibid.*

73. Thomson, "Unnoticed MSS", p. 140, did not distinguish this text from Alyngton's *De suppositionibus*, which immediately precedes it.

74. See para. 273 of the edition below.

75. See para. 185-194 of the edition below. The missing folio is not to be found elsewhere in the manuscript.

76. Thomson, "Unnoticed MSS", p. 140.

77. This is item 11 in the codex, not item 7 as reported in Emden, I, 31.

78. See n. 33 above.

79. According to Emden, I, 31.

80. This copy was not listed in Emden, I, 31.

81. According to Floyer and Hamilton, pp. 137-138, items 4 and 5 may be a later insertion. They are not listed in the index on the cover at the end of the codex.

82. Despite the similarity of the *incipit*, this work is not the same as item 5. See Floyer and Hamilton, p. 137.

83. See n. 33 above. James and Jenkins, p. 543, list the work as beginning on fol. 143v(174v). But since Alyngton's *Super Praedicamenta Aristotelis* (item 3 above) is found on fols. 69r-173r(174r) of the manuscript, 143v must be a misprint for 173v.

84. Dziewicki, ed., *Logica*, II, pp. 194-227. (Subsequent references to the *Logicae continuatio* will cite simply *LC*, followed by the volume number in Dziewicki's *Johannis Wyclif Tractatus de logica*, and the page numbers. Numbers following a period are line numbers.) The work is unquestionably authentic. (See *LC*, II, pp. v-vi, and Thomson, "Unnoticed MSS", pp. 25-26.) Dziewicki says (*LC*, II, p. xlvi) that "the question *De insolubilibus* was also copied out and studied apart", but we have been unable to locate such separate copies. De Rijk, pp. 153-154, refers to another *Insolubilia*, preserved in Oxford, MS lat. misc. e 79, fols. 43ra-45vb, with the *explicit*: Explicit summula summularum Johannis Ecaf. The work was not listed in Spade, *The Mediaeval Liar*. De Rijk speculates that this "Ecaf" may be identical with Wyclif, but there is no positive evidence for the conjecture. On the contrary, the following "conclusions" from fol. 43va-b indicate a doctrine quite unlike and, on the question of self-reference, in direct conflict with the view of both *LC* and *SI*: "Ex his tamen suppositionibus cum descriptione insolubilium prius data (*see the incipit, quoted below*) sequuntur tres conclusiones, quarum prima est ista: Quilibet insolubilis casus est negandus. . . . Secunda conclusio est haec: Numquam terminus singularis supponit pro se ipso vel pro tota propositione (propositione] *corr. ex* suppositione) cuius est pars. . . . Tertia conclusio est haec: Numquam est positio vel propositio admittenda sine nova impositione ex qua praecise significante sicut grammatice verba praetendunt sequeretur contradictio." The *explicit* quoted above suggests that the treatise is only part of a larger logical work. This suggestion is reinforced by a reference on fol. 43rb to a previous discussion of the terms 'true' and 'false' that does not appear in the treatise. We read the *incipit* as follows (correcting and supplementing De Rijk, p. 153): "Insolubile est oratio quae in casu posito secum dum solum significat iuxta communem institutionem idiomatis in quo est disputatio simul verificat et falsificat semet ipsam vel cuius [qui] impositio fuit (impositio fuit] *i.m.*, tale hypotheticum ponit *add. sed del.*) taliter ad (ad] *sup. lin.*) significandum (significandum] *forte corr. ex* significatur). Pro quo notandum," etc., as in De Rijk, p. 153. A corrector has clearly had much to do in these opening lines.

85. In Appendix A we present a table of parallel passages between *LC* and *SI*. There may be minor conflicts of doctrine between a few paragraphs in *SI* and certain passages in *LC*. It is not altogether clear that the conflicts really exist, and in any case we do not think they are serious ones. See the discussion in Appendix B, under Book III, Ch. 2, para. 104, line 52 'formidine opposita', and under Book III, Ch. 6, para. 172, line 105 'conclusio'.

86. See Bottin, and Spade, *The Mediaeval Liar*.

87. See section VI of the introduction, below.

88. The sentence was introduced in *SI*, para. 159.

89. *LC*, II, pp. 209.24–215.29. See especially p. 213.26 "Unde multae sunt responsiones in ista materia", and the discussion thereafter.

90. Dziewicki, ed., *Misc. Phil.*, I, pp. 1–127.

91. See Thomson, "Some Latin Works", p. 382. Dziewicki's own arguments (*Misc. Phil.*, I, p. xxxii) are not persuasive.

92. *Ibid.*, p. 27.6–8.

93. *Ibid.*, p. 28.6–8.

94. *Ibid.*, p. 28.8–22.

95. *Ibid.*, p. 28.22–27. We have retained Dziewicki's spelling and punctuation.

96. Thomson, "Unnoticed MSS", p. 142 n. 2. There is a discussion of the mental sentence 'Non est ita sicut ego concipio' in *SI*, para. 97–109, and a brief parallel passage of only ten lines in *LC*, II, p. 220.3–12. But the point of those discussions seems to rest on the negative formulation of the sentence. The passage from *De actibus animae*, therefore, can hardly refer to either of them.

97. See section IV of the introduction, below.

98. In the introduction to his edition of the *Logica* (I, p. v), Dziewicki says that in the *De apostasia* Wyclif "alludes to his own doctrine of the so-called 'insolubles', very fully set forth in the third part of *Logica*" (i.e., in *LC*, II). In fact, in the *De apostasia* (Dziewicki ed., p. 34.23–26), Wyclif says that the word 'insoluble' has three senses "apud logicos". Only the first sense is relevant here. In that sense, an "insoluble" arises "quando dimissa significacione recta communi antiqua significacioni novelle intenditur: ut patet in ista: '*Sor dicit falsum*'." But this does not at all accord either with *SI* or with what Wyclif says in *LC*. The reference is probably not to either text, and may be nothing more than a quite general reference to what other logicians were saying about *insolubilia*. Perhaps Wyclif had in mind William Heytesbury's influential theory. See Spade, *William Heytesbury*, and Wyclif's counterarguments in *LC*, II, pp. 196.20–197.19.

99. Thomson, "Unnoticed MSS", p. 141.

100. It should be recalled that Thomson knew only the Vienna manuscript, in which the treatise is attributed to Wyclif.

101. In the Vienna manuscript it is *possible* to see 'rescribo' with Thomson, by reading 'a' as 'ci' and interpreting a superscript hook as an 'r'-sign after the 'c'. On the other hand, we see no compelling reason to find a variant here. We read the hook with the 's', yielding 'ser', and then read Thomson's 'ci' as 'a', yielding 'reserabo' in agreement with the other manuscripts. Palaeographers will readily appreciate how such situations can arise.

102. Buddensieg, pp. lix–lxxxiv; Shirley, pp. 56–69.

103. See, e.g., Thomson, "Three Unprinted Opuscula", p. 249, for another authentic work of Wyclif's omitted by the Vienna catalogues. There are other examples too.

104. See section I, above, n. 2.

105. Beaujouan, p. 150.

106. Beaujouan goes on (*ibid.*) to say that Wyclif's *SI*, cited by Bale, was long thought to be lost, but in fact is preserved in Vienna, Nationalbibliothek, MS 5204. (He refers to Thomson, "Unnoticed MSS".) But the Vienna manuscript and the Salamanca manuscript contain the same text; the one is not a commentary on the other. Note that in Beaujouan's description (pp. 148, 150), the text is the third, not the fourth, book of the *Logica*. On this, see the description of the Salamanca manuscript, above.

107. Emden, "Additions," p. 160.

108. W. R. Thomson, p. 11 and p. 12, n. 8.

109. The identification M. 136 is an error for M. 145, as shown by the fact that the "Podlaha"-number (1506) W. R. Thomson cites for the manuscript is the same as for manuscript **K** described above. We are grateful to Dr. Ivan Mueller for helping us with these identifications. Note that the text is item 5, not item 4, in this manuscript.

110. The *position* of the treatise in the Kapitulní Knihovna manuscript should not be regarded as further evidence that the work is a part of Tarteys' *Logica*. It comes after a sequence of treatises that are all (with the exception of item 3) known to be by John Tarteys, and before a treatise that is known to be by someone else. Is it therefore to be regarded as the last of the treatises by Tarteys in this manuscript, or the first of the treatises *not* by Tarteys?

111. In particular, there are reasons to doubt Beaujouan's claim (p. 150) that the first nine items in the manuscript (he counts eight) are all to be included in the *Logica*, particularly since the hand changes for items 8 and 9. (Item 9, however, is known to be by Tarteys.) Moreover, there is the unequivocal testimony of the *Sophismata* beginning on fol. 78v: Nunc in hoc sexto *et ultimo* libro. . . .

112. Beaujouan, p. 149, describes this as "Developpements, inspirés par l'arithmétique de Boèce, sur les rapports entre les nombres et les figures géométriques, les proportions et la proportionnalité." The table of contents also refers to "book 6, chapter 6" as containing "many things that pertain to mathematical science". Whether this accurately describes the *Sophismata*, item 7 in our description, is uncertain pending a further investigation of the treatise. But the opening lines of item 6 in our description suggest that the mathematical material in the *Brevis declaratio* are presupposed by "book 6".

113. See Thomson, "The Order of Writing", for a discussion of some of these difficulties.

114. See the discussion in Dziewicki, ed., *Logica*, I, pp. vi–viii, and Thomson, "The Order of Writing", pp. 163–165.

115. Dziewicki, ed., *Misc., Phil.*, I, pp. xxxii–xxxiii. Dziewicki does not appear to have known the existence of *SI*.

116. See section II, above.

117. Thomson, "Unnoticed MSS", p. 142. In "The Order of Writing", p. 164,

Thomson had accepted Dziewicki's earlier dating, along with Dziewicki's view that the *De actibus animae* referred to *LC*. But rejecting the latter view does not by itself provide grounds for advancing the date of the *De actibus animae* 1364. W. R. Thomson, p. 8, puts the date at "ca. 1365".

118. Thomson, "Unnoticed MSS", p. 142 n. 2. He does not explicitly draw the conclusion.

119. *Ibid.*, p. 142.

120. See the discussion *ibid.*

121. *Ibid.*, p. 141. The same reading is found in the Kapitulní Knihovna manuscript, except that there the attribution is to Tarteys, not to Wyclif.

122. See para. 273 below and n. 60 above.

123. See Emden, III, p. 1849.

124. Occasionally one does find discussions of *insolubilia* and similar matters in commentaries on the *Sentences*. See Spade, *The Mediaeval Liar*, item iv (anonymous), pp. 22–23, and item lxii (Roger Roseth), pp. 101–102. See also Pierre Ceffons, *In II Sent.*, q. 3, Troyes, Bibliothèque municipale, MS 62, fols. 96r–101r. (We are grateful to John Murdoch for this reference.) But *SI* is not this kind of work at all.

125. Thomson, "John Wyclif", pp. 13–14.

126. See section II above.

127. Thomson, "Unnoticed MSS", p. 143.

128. See para. 1 below.

129. Para. 124 and 154 occur in Book 3. The references there to the "first chapter" would therefore most naturally suggest the first chapter of Book 3, not the first chapter of Book 1. And the *marginalia* in **M** presuppose a different numbering.

130. No detailed work on Wyclif's logic can be undertaken with confidence until his *Logica* and *LC* are edited anew. Despite the heroic work of Dziewicki, his edition of those texts is very faulty, as he himself suspected. See Dziewicki, ed., *Logica*, I, pp. iii–iv, and the remarks in Thomson, "Unnoticed MSS", pp. 25–27.

131. See Bottin, and Spade, *The Mediaeval Liar*.

132. See para. 10–12.

133. But see para. 3.

134. *LC*, I, pp. 76.19–77.4.

135. As a first approximation, Wyclif's "independence" seems very similar to the modern logician's notion of "semantic groundedness". For an explanation of this modern notion, see Herzberger.

136. See para. 11, below.

137. See para. 16 below. The paragraph goes on to explain this last phrase somewhat, although it remains far from clear.

138. See para. 13–15.

139. See Book III, Ch. 1 (para. 81–96), below.

140. Para. 84–85.

141. See, e.g., para. 85–96.

142. Alyngton was a fellow of Queen's College, Oxford, in 1379–1380, and still in 1385–1386. By 1393 he was a doctor of theology. See Emden, I, pp. 30–31. The *Insolubilia* is found in Worcester, Cathedral, MS F. 118, fols. 150r–151v (see

De Rijk, pp. 139–141); and in Prague, Státní Knihovna ČSR, MS 773 (IV. H. 9), fols. 259v–262v (15c.). For the latter manuscript, see Spade, *The Mediaeval Liar*, item xliv, pp. 76–77, where the work is wrongly listed as being possibly by Wyclif himself. The opening lines of the Prague manuscript are transcribed in Dziewicki, *Misc. Phil.*, II, p. 156, where it is printed among "fragmenta", even though the text is complete in the Prague copy.

143. Prague MS 773, fol. 262v: "Explicit quidam modus solvendi insolubilia secundum magistrum J. Wyclif doctorem veritatis evangelicae, cuius animae propitietur deus. Amen. Sic inveni explicit in exemplari in antiquo". Thomson ("Some Latin Works", p. 384) takes the last sentence to imply that the scribe had seen an old manuscript of Wyclif's *LC*. But the more natural reading refers to an old manuscript of Alyngton's *Insolubilia*.

144. Prague MS 773, fol. 259v. See Spade, *The Mediaeval Liar*, p. 77 and De Rijk, p. 139.

145. Prague MS 773, fol. 259v. See *LC*, II, pp. 203.9–205.34. These four preliminary assumptions are not entirely the same as the assumptions in para. 2–4 of *SI*. But their content may be found elsewhere in *SI*. See Appendix A.

146. Compare *SI*, para. 10–15, below.

147. *LC*, II, p. 204.20–22.

148. Prague MS 773, fol. 259v. The reference is to *LC*, II, p. 4.14–19 (tract. 3, Ch. 1). Dziewicki (*LC*, II, p. 204 n.) apparently takes 'totius tractatus' to mean the whole of *LC*, and refers instead to *LC*, I, p. 77, which is in tract. I, Ch. 1. The discussion there is not entirely dissimilar to that at *LC*, II, p. 204, but it is clear that the intended reference is to tract. 3, Ch. 1.

149. *LC*, II, pp. 204.27–205.9.

150. Prague MS 773, fol. 259v. The reference is to *LC*, I, p. 76.9–12 (tract. I, Ch. 1).

151. See the description in Spade, *The Mediaeval Liar*, item xv, pp. 38–39.

152. Notice the shift from 'ego' to 'Martinus' in the following passage (fol. 41v): "Et ut in quo[d]dam grosso exemplo, posito quod quasi ego habeam denarium et dico 'Ego non habeo denarium', Petrus audiens me et sciens me habere denarium diceret 'Tu non dicis verum'. Tunc si Paulus diceret 'Martinus dicit verum' (ipse loqueret cum Petro de Martino), et principaliter contradiceret dictis Pauli et non Martini. Si vero Clemens diceret 'Tu Martine habes denarium', ipse contradiceret Martino et non Paulo." In the second sentence 'Pauli' is perhaps a mistake for 'Petri'. In any case, it seems that 'ego' and 'Martinus' are meant to refer to the same person. It is worth pointing out the similarity between the *incipit* of this text: Pro superficiali notitia insolubilium . . ., and that of William Milverley's *Universalia*: Pro superficiali notitia universalium. . . . (See section I above, item no. 8 in Prague MS 1536.) Does the characteristic phrase 'superficialis notitia' have some special meaning? Is the *Insolubilia* here somehow linked to William Milverley? Perhaps the mysterious "Martilis" (or "Martillis"), who is at least twice mentioned together with Milverley in the *explicits* of works of Alyngton (De Rijk, pp. 139–140), is a corruption of 'Martinus'. These speculations should be mentioned, if only to invite further investigation, but they prove nothing in the absence of further evidence.

153. Prague MS 906, fol. 38r. Quoted in Spade, *The Mediaeval Liar*, p. 38.

154. See n. 145, above.

155. Prague MS 906, fol. 38r-v.

156. *LC*, II, pp. 204.1–205.34.

157. See Appendix A, below.

158. Prague MS 906, fol. 38r. The reading 'sophistae' is uncertain.

159. *Ibid.*, fol. 38v. Quoted in Spade, *The Mediaeval Liar*, p. 39.

160. See Appendix A, below.

161. Prague MS 906, fols. 42v–43r.

162. *LC*, II, pp. 194.24–202.8.

163. See the discussion in Appendix B.

164. See the discussion in Appendix B.

165. For the translations see Thomson, "Unnoticed MSS", p. 140.

166. See n. 130 above.

167. Thomson, "Unnoticed MSS," pp. 140, 141 & 143–144. The *incipit* is transcribed both on p. 140 and on p. 141. On p. 140 Thomson reads 'desiderantur' in the opening quotation from Aristotle in para. 1, whereas on p. 141 he has 'desiderant' in agreement with our own reading.

# Outline of the Text

## Abbreviationes

| | |
|---|---|
| **M** | Oxoniae, Coll. B. Mariae Magdalenae, MS 38, ff. 23ra–28vb. |
| **P** | Pragae, Bibl. civit. MS 1536 (VIII. E. 11), ff. 55v–72v. |
| **V** | Vindobonensis Palat. MS 5204, ff. 76r–96v. |
| **W** | Vigorniae, Bibl. cathed. MS Q. 54, ff. 108r–109r. |
| ⟨. . .⟩ | suppletum ab editoribus |
| ⟨. . .(?)⟩ | coniectum ab editoribus. (Lectio invisibilis in margine interiori.) |
| [. . .] | deletum ab editoribus |
| * | Vide Appendicem B. |
| abbr. | abbreviatio |
| add. | addidit |
| amb. | ambiguum |
| conf. | confusum |
| corr. | correxit |
| del. | delevit |
| eras. | erasit |
| exp. | expunxit |
| gl. | glossa |
| homoeoceph. | homoeocephalon |
| homoeot. | homoeoteleuton |
| illeg. | illegibile |
| i.m. | in margine |
| inf. | inferius |
| init. | initium |
| inv. | invertit |
| iter. | iteravit |
| lac. | lacuna |
| lect. | lectio |
| mut. | mutavit |
| obl. | oblitum |
| om. | omisit |
| orig. | originaliter |
| para. | paragraphum |
| ras. | rasura |
| rescr. | rescripsit |
| scr. | scripsit |
| seq. | sequitur |
| sig. transp. | signa transpositionis |
| sup. lin. | supra lineam |
| term. | terminatio |

# Johannis Wyclif
# Summa insolubilium

# ⟨Johannis Wyclif Summa insolubilium⟩

## ⟨*Prologus*⟩

[1] |**M** 23ra, **P** 55v, **V** 76r, **W** 108r| Quia "omnes homines natura scire desiderant", secundum PHILOSOPHUM I° **Metaphysicae**, et concupisicibili virtute difficilibus arduisque ferventius afficiuntur, et materia insolubilium quae difficillima est ignotis intellectum graviter obfuscat, fastidit et obumbrat quapropter non tantum ut in se infructuosa sed tamquam fastidiosa solo auditu offendens impetuose refutatur, ideo ex dei gratia plenam veramque materiam insolubilium pro iuvenum eruditione in dei honorem aperte reserabo praemittens primo de propositionum denominationibus principia generalia. Secundo insolubilium quidditatem pertractans de eorum convertibilitate ac contradictione principia specialia subiungam. Et tertio ipsa principia insolubili categorico deinde insolubili hypothetico finaliter sunt applicanda.

[2] Suppono ergo primo quod cuiuslibet propositionis verae pro suo significato primario significatum primarium sit veritas. Istud probatur ex hoc, quia aliter non faceret significatum propositionis ipsam esse veram.

[3] Secundo suppono quod cuiuslibet propositionis categoricae simpliciter affirmativae et verae pro suo significato primario significatum primarium sit veritas significata per suum verbum aut totale praedicatum in comparatione ad eius suppositum, ut haec 'Sortes movetur' primarie significat Sortem moveri et haec 'Sortes est' primarie significat Sortem esse et ista 'Sortes est episcopus' primarie significat episcopationem quae est eius accidens ut hic supponitur. Patet ista suppositio per hoc quod hominem esse est homo, deum esse est essentia divina, Sortem videre est visio Sortis, et ita de aliis.

[4] Tertio suppono quod tam in materia non insolubili quam insolubili pars supponere possit pro toto cuius est pars. Prima pars patet, eo quod aliter nullo pronomine contingeret demonstrare mundum. Et

secunda probatur, quia si non, capiatur ista propositio insolubilis 'Omnis propositio est falsa' quae sit $A$. Tunc sic: omnis terminus distributus respectu huius verbi 'est' supponit pro quocumque supposito sui primarii significati, sed iste terminus 'propositio' est huiusmodi in hac universali, ergo supponit pro quocumque quod est suppositum sui primarii significati, sed tota propositio est suppositum sui primarii significati, ergo subiectum huius propositionis supponit pro tota propositione. Patet consequentia cum minori, et maior quia non est danda ratio quare potius supponeret pro uno singulari sui primarii significati quin per idem supponeret pro quolibet, potissime cum confuse et non principaliter supponat pro aliquo tali supposito.

[5] Confirmatur: iste terminus 'propositio' significat omnem propositionem et hoc in oratione, ergo supponit pro omni propositione. Patet consequentia. Nam supponere pro aliquo est ipsum in oratione significare. Non enim valet dicere quod oportet quod talis terminus significaret principaliter aut primarie illud pro quo supponit, quia sic nullus terminus communis supponeret nisi pro suo primario significato.

[6] Item, ponatur quod $B$ sit haec propositio necessaria 'Omnis homo est animal' |**W** 108v| manente $A$ universali in mente tua significans sic |**V** 76v| et quod non sint plures propositiones quam istae duae. Tunc sic: iam intellegis subiectum huius universaliter pro quacumque propositione, sed non ex hoc quod $B$ desinet esse desines sic concipere, ergo sequitur quod posito quod $B$ corrumperetur residuis paribus quod ille terminus supponeret pro se ipso. Aliter enim sequeretur quod si cum paribus corrumperetur $B$, manente $A$ in mente tua significante naturaliter, quod ipsa significabit te invito aliter quam prius quia ex— |**M** 23rb| ceptive. Quod caret ratione.

[7] Iterum videtur quod subiectum et praedicatum huius propositionis 'Falsum est falsum' non simpliciter convertuntur.* Nam |**P** 56r| tunc pro omni propositione pro qua supponere potest subiectum, posset praedicatum supponere, quod est falsum. Nam praedicatum supponit pro propositione composita ex subiecto et copula eo quod non est eius pars, et non potest supponere pro propositione composita ex praedicato et verbo eo quod praedicatum est ipsius pars. Et conforme argumentum contingit fieri, quia pro aliquo supponit subiectum pro quo praedicatum non potest supponere.

# ⟨Liber primus: de propositionum denominationibus principia generalia⟩

## ⟨Capitulum primum⟩

[8] Supposita ergo veritate suppositionis praedictae, pro denomina-
5 tionibus propositionum inesse veri, falsi, contingentis, impossibilis aut
necessarii vel quovis consimili modo est primo notandum quod aliqua propositio primarie significat ipsammet propositionem cuiusmodi
est ista 'Hoc est' demonstrando se ipsam. Hoc enim significat primarie
se ipsam esse et per consequens iuxta secundam suppositionem se ip-
10 sam. Et aliqua propositio primarie significat ens omnino diversum ab
ipsa propositione, ut ista propositio 'Deus est' primarie significat essen-
tiam divinam, quae est ens diversum omnino ab hac propositione. Sed
hoc contingit dupliciter: aut enim tale ens est omnino independens
ab ipsa propositione aut dependens. Si dependens, tunc talis propo-
15 sitio dicitur significare primarie dependenter, ut ista 'Haec propositio
significat' se ipsa demonstrata. Primarium enim significatum huius
propositionis, cum sit accidens ipsius propositionis quia eius significatio, est dependens ab ipsa propositione. Si independens, tunc propositio talis dicitur significare primarie independenter, ut ista prae-
20 dicta 'Deus est'. Primarium enim significatum ipsius est nedum distinctum ab ipsa propositione, sed independens, cum non immediate
causetur ab illa et possit esse sine ipsa.

[9] Secundo notandum quod non est idem propositionem significare
intransitive et ipsam significare dependenter. Ista enim propositio
25 'Hanc propositionem videt Sortes' se ipsa demonstrata non significat
intransitive et tamen significat dependenter.

[10] Istis praemissis dicitur quod tripliciter contingit propositionem
esse veram. Uno enim modo est propositio vera sicut quidlibet aliud
eo quod ipsam esse quod est essentia sua est verum et veritas. Et de
30 modo isto non loquuntur sophistae nisi raro.

[11] Secundo modo dicitur propositio vera, quia significat primarie

ens quod est sive ipsum ens sit ipsamet propositio, ut est de significato
huius 'Hoc est' se ipsa demonstrata, vel ab ipsa dependens, ut est de
significato huius 'Haec propositio significat' se ipsa demonstrata (nam
eius primarium significatum est significatio sua), sive idem ens sit om-    35
nino distinctum |W 109r| et independens ab ipsa propositione, ut est
de significatis talium 'Caelum movetur', 'Deus est', et similium.

[12] Tertio |V 77r| modo dicitur propositio vera, quia significat
primarie ens distinctum et independens ab ipsa propositione, ut est
ista 'Homo est animal'. Ex quo patet quod ad hoc quod propositio sit    40
vera secundo modo sufficit quod ipsa significet primarie ens quod est,
sed ad hoc quod sit vera tertio modo requiritur quod significet primarie
ens distinctum ab ipsa et independens.

[13] Ulterius nota quod correspondenter ad hanc trimembrem divi-
sionem veri iste terminus 'falsum' capitur. Quandoque enim sumitur    45
negative modo quo dicitur te esse asinum esse falsum quia non est.
Et isto modo nulla propositio est falsa licet istam propositionem esse,
demonstrando propositionem quae non est, sit falsum.

[14] Secundo modo dicitur propositio falsa quando primarie significat ens quod non est. Et iste modus relative opponitur vero secundo    50
modo dicto.|M 23va| Et taliter sunt tales falsae: 'Homo est asinus',
'Haec propositio non significat' se ipsa demonstrata.

[15] Tertio tamen modo dicitur propositio falsa quia modo suo
significandi primario non correspondet ens ab ipsa distinctum et independens. Et taliter sunt istae falsae: 'Nullus deus est', 'Haec pro-    55
positio significat' se ipsa demonstrata, et similia.

[16] Et dicitur ens a |P 56v| propositione independens secundum
quod hic sumitur quando nec est ipsa propositio nec eius accidens nec
ens ab ipsa obiective, tamquam a suo supposito, immediate ut huiusmodi causatum. Et pono ibi istum terminum 'obiective' propter signi-    60
ficata talium propositionum 'Oppositum huius significat primarie sicut
est', 'Tu es asinus vel hoc est verum', demonstrando earum opposita,
quarum significata licet non causentur ab his propositionibus tamquam ab earum suppositis causantur tamen ab ipsis obiective propter relationes inclusas, ut patebit clarius in processu. Et addo illum    65
terminum 'immediate causatum'. Nam haec propositio 'Falsum est' existens omnis propositio et sic significans primarie significat ens quod
potest esse sine ipsa, quia veritatem communem, et tamen significatum
ipsius non est ab ipsa independens cum immediate causetur ab ipsa.
Et addo 'secundum quod huiusmodi'. Nam primarium significatum    70
huius 'Omne ens est' causatur immediate ab hac tamquam eius sup-

posito, non tamen ut est propositio. Sed primarium significatum huius
'Omnis propositio est vera' causatur ab ista ut huiusmodi. Ideo ipsa
est falsa tertio modo et altera vera tertio modo. Sed de isto posterius.

75 [17] Unde pro ulteriori distinctione duorum ultimorum membrorum
veri et falsi aliquantulum declaranda et probanda, ponitur iste casus
quod non sint nisi istae duae propositiones 'Homo est asinus' et 'Falsum
est' vel partes illarum quae primarie significent tantum ut isti termini
communiter praetendunt. Tunc arguitur sic: haec propositio 'Falsum

80 est' est vera et non propter significatum dependens, ergo est vera propter significatum independens, ergo veritas sua cum sit correspondentia
signi ad significatum erit relatio inter ipsam propositionem et ens
ab ipsa independens. Notetur ergo haec veritas per $B$. Tunc sic: Huic
$B$ veritati opponitur falsitas, cum omni veritati propositionis sit nata

85 falsitas opponi, et non nisi falsitas quae est privatio correspondentiae
primarii significati |$V$ 77b| independentis et distincti, ergo sequitur
quod talis falsitas opponitur $B$ veritati. Et si sic, pono quod haec 'Homo
est asinus' erit corrupta in secunda medietate huius horae in cuius
medio instanti sumus manente hac propositione 'Falsum est' signifi-

90 cante primarie tantum ut iam significat. Et tunc arguitur sic: $B$ veritas quae iam denominat hanc propositionem 'Falsum est' esse veram
in secunda medietate huius horae desinet esse quia eius obiectum,
quod est primarium significatum huius propositionis ab ipsa independens, desinet esse ut patet, ergo falsitas sibi opposita tunc incipiet

95 esse, potissime cum propositio illa tunc manebit. Et per consequens
in secunda medietate ipsa erit falsa.

[18] Confirmatur sic: correspondentia primarii significati independentis ad hanc propositionem est veritas, ergo per idem carentia talis correspondentiae foret falsitas propositionis, sed in secunda me-

100 dietate huius horae carebit primario significato independenti, ergo
sequitur quod tunc erit falsa. Patet ista consequentia cum minore, et
maior eo quod nulla est causa danda quare correspondentia talis foret
veritas quin per idem carentia talis correspondentiae foret falsitas propositionis. Vel si sic, detur.

105 [19] Habito ergo quod in secunda medietate huius horae ipsa significando primarie ut iam significat erit falsa, arguitur sic: tunc ista
sic significando erit falsa, et non tunc erit falsa quia tunc erit ita quod
ipsa |$M$ 23vb| significat primarie sicut non est, ergo propter aliam ra-
tionem, et non nisi quia tunc non sibi correspondebit primarium signi-

110 ficatum independens, ergo sequitur quod illa erit falsa illa de causa
quae hic vocatur falsitas tertii modi. Patet ista consequentia cum mi-

nore, et maior sic: tunc erit ita quod ipsa significat primarie sicut est,
ergo non tunc erit falsa illa de causa. Antecedens patet. Nam tunc
erit ita quod ipsa significat quod falsum est, quia tunc |**P** 57r| erit ita
quod ipsa est, et tunc erit ita per concessum quod ipsa est falsum, ideo  115
tunc erit ita quod ipsa significat primarie sicut est. Sed impossibile est
propositionem aliquam significare sicut est, nisi eo facto sit vera, ergo
sequitur quod sic significando ipsa erit vera.

[20] Veritatem ergo qua ipsa sic significando erit vera voco veritatem secundi modi et veritatem oppositam falsitati qua ipsa erit falsa  120
in secunda medietate huius horae voco veritatem tertii modi. Nec valet
dicere quod haec propositio 'Falsum est' significabit tunc independenter
aequaliter sicut ante quia licet haec veritas falsum esse possit esse sine
ipsa at tamen immediate ab ipsa causatur sicut omne superius causatur a suo inferiori.                                                           125

[21] Ex ista etiam responsione sequitur quod falsum est et quod
nullum falsum est. Nam haec propositio 'Falsum est' non esset falsa
aliquo modo ut ponitur nec aliquid aliud, ideo nullum falsum esset.
Et tamen haec veritas communis falsum esse non possit esse sine aliquo supposito. Sequitur quod aliquod falsum esset.                               130

[22] Patet igitur quod est dare tales modos veritatis et falsitatis. Differunt tamen ista membra per hoc quod falsitas secundo modo dicta
est carentia correspondentiae primarii significati suo modo significandi.
Sed falsitas tertio modo dicta non est carentia primarii significati simpliciter, sed est carentia primarii significati independentis.                   135

[23] Ex praemissis patent quaedam corollaria. Primo, quod omnis
propositio vera tertio modo est vera secundo modo et primo modo,
sed non sequitur si ista propositio est vera secundo modo vel primo
modo quod sit |**V** 78r| vera tertio modo. Patet corollarium pro prima
eius parte. Nam si quicquam significat primarie independenter sicut  140
est tunc ipsum significat primarie sicut est, et est, ergo prima pars
vera. Et secunda patet quia non sequitur 'Haec propositio est vel significat primarie sicut est, ergo significat primarie independenter ens
quod est', ut patet de tali 'Haec propositio est' se ipsa demonstrata.

[24] Secundo patet quod si qua propositio est falsa secundo modo  145
tunc est falsa tertio modo, sed non e contra. Prima pars patet quia
sequitur 'Haec propositio significat primarie sicut non est, ergo significat primarie sicut non est independenter' cum arguitur a superiori
ad suum inferius negatione praeposita, et secunda patet quia non sequitur 'Haec propositio significat primarie sicut non est independenter,  150
ergo significat primarie sicut non est'.

⟨*Capitulum secundum*⟩

[25] Ulterius notandum quod tres sunt conditiones communiter positae quae simul sumptae faciunt in quibusdam propositionem quae prius non erat insolubilis esse insolubilem. Prima est quod unum tale
5 dicens vel proponens sit omne tale dicens aut proponens. Secunda est quod unum tale dictum aut propositum sit omne tale dictum aut propositum. Tertia quod illud dictum aut propositum significet praecise sic. Exempli gratia, ponatur quod nihil praeter Sortem dicat aliquam propositionem (haec est iam conditio prima) qui dicat istam et nullam
10 aliam 'Sortes dicit falsum' (haec est conditio secunda) quae significet praecise Sortem dicere falsum (ecce conditio tertia).

[26] Et bene dicitur in principio quod hae conditiones concurrentes si bene intelligantur causant insolubile. Nam in aliquibus si aliqua istarum desit, non est propositio insolubilis, nec est tunc difficultas
15 respondendi. Ut in casu primo si dimittatur altera positarum conditionum dubitandum esset an Sortes dicit falsum, ut si dimitteretur secunda, est ipsa dubia eo quod stat cum casu quod Sortes dicat istam 'Homo est asinus'. Et si relinqueretur tertia, tunc posset dubitari an illa significet alteri false. Ideo quando istae tres conditiones concur-
20 runt, tunc est talis propositio insolubilis et non ante. Et causa est quia est de natura talis insolubilis quod in sua significatione includat se ipsum vel eius accidens. Et hoc talis propositio non facit ante concursum |**P** 57v| trium conditionum. Et istud optime praevidit via communis* statuens sibi pro regula quod istis tribus particulis concurren-
25 tibus vel aequivalenter negandus est casus. Si tamen altera illarum praetermissa fuerit, tunc iuxta evasionem correspondentem tali particulae est respondendum.

[27] Ex quo videtur mihi quod dederunt regulas ad evacuandum ne propositio fiat insolubilis et non ad declarandum vel respondendum
30 insolubilibus nisi forte ipsa negando. Quod sic declaratur: propositio non est insolubilis ut bene dicitur ante concursum trium conditionum vel aequivalenter, ergo quandocumque respondetur ad talem propositionem ante concursum praedictum, non respondetur ad insolubile. Sed post talem concursum generaliter sunt casus negandi ut dicitur.
35 Ergo, et cetera. Patet ista consequentia quia ante praedictum concursum propositio illa non est insolubilis |**V** 78v| et per consequens non tunc respondent ad insolubile nec post est aliter respondendum quam ipsum negando, ergo et cetera.

[28] Sed isto dimisso notandum quod licet tribus praemissis condi-

tionibus concurrentibus generaliter sit casus negandus eo quod duae   40
ultimae conditiones sunt impossibiles, tamen concurrentibus istis tribus
conditionibus quod unum tale sic dicens sit omne sic dicens, et unum
principaliter dictum aut propositum sit omne principaliter dictum aut
propositum, et quod primarie illud sic dictum significet praecise sic,
casus insolubilis, si non aliunde obstet, est admittendus. Unde sicut   45
de specie humana tantum vir est homo masculus sic primarie ista propositio 'Sortes dicit falsum' significat tantum Sortem dicere falsum,
licet significet omne significabile secundarie. Haec enim propositio
'Primarie ista propositio "Deus est" significat praecise deum esse' sic
exponitur: primarie ista significat deum esse et primarie ista non sig-   50
nificat non deum esse. Et conformiter est de aliis dicendum.

[29] Et patet quod conditiones praedictae adducuntur ad finem quod
propositio quae iam significat independenter postmodum significet
dependenter, quas conditiones non oportet in omni insolubili concur-
rere, cum in aliquo insolubili ut in universali negativa sufficiunt duae,   55
ut postea patebit.

[30] Ex istis videtur mihi quod sicut haec propositio 'Deus est' vel
haec 'Homo est animal' non est insolubilis, sic nec aliqua propositio
cuius actus principalis non reflectitur supra se sic significando est insolubilis. Nam propositio insolubilis proprie loquendo est propositio   60
significans dependenter vel reciproce affirmative vel negative pro se
vel pro suo accidente, cuiusmodi sunt tales: 'Haec propositio est' se
ipsa demonstrata, 'Haec propositio non significat', quarum prima
significat affirmative reciproce et vere pro se ipsa et secunda negative
dependenter et false pro suo accidente. Et per consequens omne in-   65
solubile significat primarie dependenter, quia si non significet dependenter pro suo accidente vel reciproce pro se ipsa, tunc non sic significando est propositio insolubilis, ut patet advertendo descriptionem
insolubilis in communibus tractatibus positam ubi sic: "Insolubile est
difficilis paralogismus", id est propositio, "secundum quid et simpli-   70
citer cum reflexione alicuius actus supra se ex determinatione privativa", vel negativa, "proveniens", id est insolubile est difficilis propositio
ad cuius utramque partem contingit probabiliter arguere per syllogismos deceptivos secundum quid et simpliciter, hoc est per talem
fallaciam, cum reflexione alicuius actus supra se includendo se aut   75
eius accidens in suo primario significato ex determinatione privativa
vel negativa proveniens (insolubile dico).

[31] Ex qua descriptione patet quod omne insolubile expresse includit se aut eius accidens in suo primario significato ut praeassumitur.

80 Et patet quod glossa communis* est extraordinaria, cum non sit ad
propositum. Ex quo sequitur ultra quod |**P** 58r| licet omne insolubile
significet primarie dependenter, ex illo tamen non sequitur quod omne
insolubile sit falsum tertio modo ut patebit |**V** 79r| in processu. Sed
pro maiori parte sunt falsa tertio modo.

85 [32] Et patet ultra causa deceptionis in materia insolubilium. Nam
cum sit de natura debitae intellectionis quod terminetur ad aliquod
extrinsecum a medio intelligendi — eo quod aliter idem esset significans
et significatum, idem medium intelligendi et intellectum, et sic nec
significatio nec intellectio forent vere relationes sicut nec identitas eius-
90 dem ad se ipsum (et quod propositio est medium intellegendi patet)
— quia communiter loquentes de insolubilibus ferunt intellectiones
suas ad ens ab ipsa propositione independens non attendentes quod
insolubile includit se ipsum in sua significatione secundum suam essen-
tiam vel secundum suum accidens, et sic decipiuntur.

95 [33] In tantum enim advertunt quidam ad primarium significatum
independens quod dicunt quod haec propositio 'Falsum est' in casu
quod sit insolubilis significat primarie quod falsum aliud ab hoc est,
immo ista 'Nulla propositio significat primarie sicut est' significat primarie ut dicunt quod nulla alia ab ista sic significat, immo omne
100 insolubile iuxta hanc viam significat exceptive. Quod non valet. Tum
primo, quia haec propositio 'Nulla propositio existens in *a* loco significat primarie sicut est' est vera, mihi posito quod *a* sit unus locus in
quo nulla est propositio et quod ego considerem de illa universaliter.
Et certum est quod non cogar elicere novum actum si concipiendo
105 istam propositionem sic primarie significare portavero ipsam in *a* loco.
Ergo cum iam significet universaliter negative pro quacumque, sequitur quod tunc sic significaret, quod est contra opinionem. Tum secundo,
quia pars supponit pro toto cuius est pars in materia insolubilium et
alibi, admissis declaratis.

110 [34] Notandum tamen quod concipiens propositionem pro suo significato independenti diversimode concipit a concipiente eandem pro
significato primario dependenti. Pro quo declarando ponatur iste casus
quod Sortes proponat tibi hanc propositionem 'Dubium tibi proponitur'
et dubites tu numquid propositio aliqua dubia ⟨alia⟩ ab ista tibi pro-
115 ponatur, ut ista 'Rex sedet' vel alia consimilis. Tunc patet quod si
intellectus feratur ad significatum independens est ipsa propositio tibi
dubia quia dubitas an modo quo concipis ipsam significare primarie
correspondet significatum independens. Unde a communiter respon-
dentibus ad hoc sophisma 'Dubium tibi proponitur' dubitatur illud in-

solubile et non conceditur, eo quod intellectus fertur super ens inde- 120
pendens, et sic respondetur ad illud ac si non foret insolubile. Quod
non debet fieri cum omne insolubile significet dependenter. Si tamen
intellectus feratur quodammodo materialiter super illud insolubile tunc
est ipsum concedendum eo quod primarie significet sicut est. Nam
primarie significat quod dubium tibi proponitur, et ita est quod du- 125
bium tibi proponitur quia illa propositio est tibi dubia propter hoc
quod dubitas an modo suo significandi quem habes de ipsa correspondet primarium significatum independens, et illa tibi proponitur, ideo
et cetera.

[35] Ex quo patet |**V** 79v| quod dupliciter ad propositum contingit 130
propositionem esse dubiam. Istud probatur sic: quot modis contingit
propositionem esse veram primarie significando tot modis contingit
ipsam dubitari, sed iuxta praedicta dupliciter contingit propositionem
esse veram primarie significando, ergo et cetera. Patet ista consequentia
cum minore, et maior eo quod multiplicatis scibilibus multiplicantur 135
dubitabilia et dubitationes.

[36] Patet etiam quod eadem propositio est dubia tibi et scita a te
primarie significando, sed non propter idem significatum nisi aequi-
voce, sed mixtim propter significatum et circumstantiam significati.*
Patet ista consequentia. Nam |**P** 58v| in casu isto ante posito est ista 140
propositio tibi dubia 'Dubium tibi proponitur' propter causam praedictam et tamen est scita a te pro veritate secundi modi eo quod sicut
ipsa significat tibi primarie scis esse. Nam scis quod hoc tibi proponitur ut suppono, et scis quod hoc est tibi dubium quia scis quod ipsa
est tibi dubia eo quod significatum illud dubitas esse independens ab 145
ipsa demonstrando eandem propositionem, posito quod intellectus
tuus feratur in significatum dependens, sciendo etiam quod de natura
insolubilis est significare dependenter.

[37] Et nota quod sicut dupliciter primarie significando dicitur propositio vera et dubia, ut iam dictum est, sic correspondenter dicitur 150
dupliciter possibilis et impossibilis vel necessaria. Unde licet omne
quod potest esse dicatur possibile sicut omne quod non potest esse
dicitur impossibile, tamen propositio uno modo non propter hoc quod
potest esse vel non potest esse dicitur ipsa primarie significando possibilis vel impossibilis, sed sicut propositio uno modo dicitur vera 155
quando modo suo significandi primarie correspondet ens quod est, sive
sit dependens sive independens, sic dicitur possibilis quia sicut ipsa
primarie significat potest esse. Et isto modo sunt tales possibiles 'Homo
est animal', 'Nulla propositio est', 'Haec propositio significat' se demonstrata. Et sicut tertio modo dicitur propositio primarie signifi- 160

cando vera quia modo suo significandi correspondet ens ab ipsa independens sic dicitur propositio possibilis quando sicut ipsa primarie significat potest esse independenter, cuiusmodi est ista: 'Falsum est', 'Deus est', et similia. Ex quo patet a contrario quod dupliciter dicitur
165 propositio impossibilis: uno modo quando sicut ipsa primarie significat non potest esse, alio modo dicitur impossibilis quando sicut ipsa primarie significat non potest esse independenter. Unde istae propositiones sunt impossibiles primo modo 'Homo est asinus', 'Nullus deus est' ut patet, tamen istae propositiones sunt impossibiles secundo modo
170 'Hoc est' se ipsa demonstrata, 'Hoc significat' et ita de aliis.

[38] Et notandum quod licet omne quod necessario est esse dicatur uno modo necessarium, ac tamen primarie significando propositio solum dupliciter dicitur esse necessaria: uno modo quando sicut ipsa primarie significat necesse est esse et alio modo quando ens quod ipsa
175 sic significat est necessarium ab ipsa independens.

[39] Ex quo patet correlarie quod sicut stat eandem propositionem esse veram propter significatum dependens et falsam propter significatum independens sic stat eandem propositionem esse veram et possibilem propter significatum dependens |V 80r| cum hoc quod sit impos-
180 sibilis propter significatum independens, ut patet de istis: 'Hoc est propositio' se ipsa demonstrata et 'Hoc est propositio impossibilis' se demonstrata. Utraque enim istarum cum significet primarie sicut est est vera secundo modo et impossibilis tertio modo.

[40] Secundo patet quod quaecumque propositio est possibilis ter-
185 tio modo est possibilis secundo modo et primo, sed non e contra. Patet conclusio. Nam sequitur formaliter: ens quod ipsa primarie significat potest esse independenter, ergo ens quod ipsa primarie significat potest esse. Et non sequitur: ens quod ipsa significat primarie potest esse, ergo ens quod ista primarie significat potest esse independenter, ut
190 est de tali propositione 'Hoc est' se ipsa demonstrata.

[41] Tertio patet quod omnis propositio impossibilis secundo modo est impossibilis tertio modo, sed non e contra. Probatur sic, quia sequitur formaliter: haec propositio significat primarie sicut non potest esse, ergo significat primarie sicut non potest esse independenter, cum
195 arguitur a superiori ad inferius negatione praeposita. Et non sequitur: haec propositio significat primarie sicut non potest esse independenter, ergo significat primarie sicut non potest esse.

[42] Quarto patet etiam quod si qua propositio est necessaria tertio modo, tunc est necessaria secundo modo et e contra, quod est gratia
200 materiae. His itaque de propositionum denominationibus in generali praemissis de convertibilitate insolubilium restat pertractandum.

# ⟨Liber secundus: Principia specialia de insolubilium convertibilitate ac contradictione⟩

[43] Et quia magna difficultas et intricatio est in dandis contradictoriis insolubilium eo quod ipsa |**P** 59r| multum disparate ab aliis significent, ideo notandum quod quaedam sunt propositiones significantes materialiter affirmative pro se ipsis vel pro suis accidentibus, ut sunt istae tres 'Haec propositio significat', 'Haec propositio est vera vel significat primarie sicut est', et 'Haec propositio est', in quibus gratia terminorum convertuntur quoad consequentiam isti tres sensus "Haec propositio significat", "Haec propositio significat primarie sicut est" et "Haec propositio est" eadem in conceptu demonstrata.

[44] Quod sic probatur: ista convertuntur 'Haec propositio est' et 'Haec propositio significat' uniformiter demonstrando. Nam si significat, est, et e contra si ipsa propositio est, tunc significat, cum non sit propositio nisi significet, ideo et cetera. Et ista convertuntur 'Haec propositio significat' et 'Haec propositio significat primarie sicut est'. Probatur, quia stet quod ista propositio sic significando significet cum hoc quod non significet primarie sicut est. Contra, sequitur: haec propositio quae sit *C* significat primarie quod ipsa significat, ut patet, et ita est quod ipsa significat, ergo ipsa significat primarie sicut est, quod fuit probandum. Patet consequentia. Nam in casu isto *C* propositio est vera secundo modo, ergo illa significat primarie sicut est.

[45] Item hoc *C* significat primarie ens quod est, ergo et cetera. Assumptum sic: hoc *C* primarie significat suam significationem, ergo primarie significat ens quod est. Assumptum sic: cuiuslibet propositionis verae pro suo primario significato significatum primarium est veritas significata per suum principale verbum in comparatione ad eius suppositum et cetera, ergo sequitur quod sicut primarium significatum huius 'Sortes movetur' est motio Sortis sic primarium significatum huius 'Haec propositio significat' est significatio sua et per consequens ens quod est. Patet consequentia, et assumptum est suppositio.

[46] Patet ergo quod ista convertuntur 'Haec propositio habet significationem vel significat' et 'Haec propositio habet significatum vel
significationem quae est', cuius causa est quia in qualibet tali idem
35 est significatio et significatum, ut significatum huius propositionis '*A*
significat' est ipsum significare, quod est sua significatio.*

[47] Et patet quod convertibilitas ista tenet gratia materiae |**V** 80v|.
Nam omnino consimilis propositio cum *A* foret tertio modo vera pro
*A*, et tamen ipsum *A* sub conformibus vocibus est falsum tertio modo.

40 [48] Et ista sententia diligenter est notanda. Nam sicut haec affirmativa '*A* significat sicut est' significat se habere significationem quae
est, sic talis negativa significans pro se ipsa 'Haec non significat sicut
est' significat se non habere significationem quae est, ex quo patet
quod falsificat se. Nam in significando se non habere significationem
45 habet significationem.

[49] Ex quo patet ut post dicetur quod talis consequentia non valet
'Haec propositio', demonstrando illam negativam, 'significat primarie
quod ipsa non significat primarie sicut est, et ita est quod ipsa non
significat primarie sicut est, ergo ipsa significat primarie sicut est'.
50 Unde idem est ac si arguitur sic: 'haec propositio significat se non
habere significationem vel se non significare, et ita est quod ipsa non significat primarie sicut est, ergo ipsa significat primarie sicut est vel ens
quod est.' Et causa est quia minor verificatur independenter, et propositio insolubilis cum significet materialiter et dependenter non significat
55 primarie veritatem illam independentem. Modo est ita quod ipsam
non significare primarie sicut est sic significando est veritas aeterna
independens ab ipsa saltem deducta impositione.

[50] Patet etiam quod propositio de similibus terminis cum illa negativa quae sit *A* non convertetur cum ipsa. Nam ipsa negativa signi-
60 ficando primarie quod ipsa non significat primarie sicut est convertitur
cum ista 'Haec non significat' se ipsa negativa demonstrata. Sed *B*
propositio negativa de consimilibus terminis significans transitive pro
*A* quod *A* non significat primarie sicut est non converteretur cum ista
|**M** 25ra| '*A* non significat' sed cum ista 'Significatum *A* non est', hoc
65 est 'Ens correspondens suo modo significandi non est'. Ideo propositio
prima est falsa et secunda vera.

[51] Sed ut praedicta magis appareant ponatur iste casus quod sint
duae tales negativae: 'Haec non significat primarie sicut est' 'Haec non
significat primarie |**P** 59v| sicut est' quarum prima sit *A* et secunda
70 *B*, et significet *A* reciproce pro se ipsa et *B* transitive pro *A*. Tunc
arguitur sic: *B* est sic significando propositio vera, et *B* convertitur

cum *A*, ergo *A* sic significando est propositio vera, quod est falsum
cum fiat locutio de vero secundo modo.* Minor probatur sic: haec
propositio 'Hoc *A* significat primarie sicut est' quae sit *C* contradicit
*B* et *A*, ergo *A* et *B* convertuntur. Assumptum sic pro prima parte,      75
scilicet quod contradicit *B*. Nam *B* et *C* sunt duae propositiones singulares simplices quarum una est affirmativa, alia negativa, de consimilibus subiectis, praedicatis et copulis et terminis supponentibus
pro eodem et hoc transitive et independenter, ergo sunt contradictoria.
Patet consequentia. Nam aliqua affirmativa contradicit *B* et nulla nisi      80
*C* vel sibi synonyma in terminis et significatione, ergo et cetera.

[52] Et quod *C* contradicit *A* probatur: isti singulari negativae demonstrando *A* contradicit vel potest contradicere sic significando aliqua singularis affirmativa, et nulla nisi *C*, ergo et cetera.

[53] Confirmatur: nam eadem veritas quae negatur per *A* affirma-    85
tur per *C*, et hoc in similibus terminis et independenter.

[54] Item, cuicumque singulari negativo contingit dare contradictorium in terminis, ergo *A* propositioni singulari negativae cum sic*
contingit dare contradictorium in terminis, et non convenientius quam
*C*, ergo et cetera. Patet consequentia |**V** 81r| cum minori. Et maior      90
patet, quia aliter sequitur quod nulli insolubili negativo contingit dare
contradictorium in terminis.

[55] Quod concedit hic responsio una* dicens quod verum concluditur quia insolubilia negativa significant reciproce pro se ipsis, et
affirmativae tales significant transitive et independenter, ideo non est      95
dare contradictorium *A* in terminis, nec alicuius consimilis insolubilis.
Et ita in casu isto cum *B* significet transitive et independenter negative
pro *A* et *C* significet eodem modo pro A, ideo *C* contradicit *B* et non
*A*. Nec est inconveniens ut dicitur quod non sit dare contradictorium
talis insolublis in terminis sicut nec est dare singulares in terminis      100
huius universalis 'Omnis homo vel asinus est asinus'. Sed contradictorium talis insolubilis debet dari per negationem praepositam toti, ut in
casu posito hoc erit contradictorium *A* 'Non est ita quod *A* non significat primarie sicut est' quae aequipollet isti '*A* habet significationem'
vel '*A* significat significatione quae est'. Et quod sic aequipollat patet.      105
Nam ista negativa significat iam convertibiliter cum ista '*A* non habet
significationem'. Ideo oportet quod talis affirmativa sibi contradicat,
licet non sit de consimilibus terminis.

[56] Contra quam responsionem tertio arguitur sic: non contingit
aliqualiter negative componere per aliquam propositionem negativam      110
quin contradictorie ad ipsam contingit componere per aliquam proposi-

tionem affirmativam, ergo sequitur quod contingit per aliquam affirmativam componere contradictorie ad compositionem *A*, ergo aliqua
affirmativa potest sibi manifeste contradicere in terminis synonymis.

115    [57] Confirmatur: nam non est verius dare contradictoriam propositionis singularis simplicis negativae quam per subtractionem negationis.
Subtracta ergo negatione residua affirmativa sibi contradicet. Quod
suadetur per hoc quod eadem veritas vel idem intellegibile quod significatur negative per *A* primarie significatur affirmative per affirma-
120    tivam partem sui, ergo sequitur quod illa pars contradicit toti propositioni vel saltem aliqua secum similis, vel si non sibi contradicit detur
causa. Assumptum sic: illud pronomen, copula, et praedicatum significant idem in una quod in altera licet diversimode, ergo et cetera.

[58] Item, aliqua affirmativa singularis significat transitive et inde-
125    pendenter pro suo opposito, ergo illud quod dicitur, quod *C* non contradicit *A* quia *A* significat reciproce et *C* independenter, non valet.
Assumptum sic: capiatur |**M** 25rb| haec affirmativa 'Hoc significat
primarie sicut est' et demonstro per ly 'hoc' *D* contradictorium illius
affirmativae. Tunc patet quod huic affirmativae contradicit aliqua
130    negativa quae independenter significat ab hac affirmativa et per consequens ista affirmativa verificatur independenter, quod fuit probandum. Et quod negativa contradicens huic ab ipsa independenter significet probatur, et quaero an *D* negativa contradicens huic affirmativae
significet |**P** 60r| reciproce pro se ipsa quod ipsa non significat pri-
135    marie sicut est aut significat transitive pro affirmativa praeaccepta quod
ipsa non significat primarie sicut est. Si primo modo tunc habetur propositum. Nam tunc negativa illa significat simpliciter pro se ipsa
dependenter. Si significet negative pro illa affirmativa, tunc sequitur
quod non est contradictorium ipsius. Probatur: non idem significabile
140    negatur principaliter in una quod principaliter affirmatur in alia |**V**
81v|, ergo non est ipsius contradictorium. Consequentia est de se nota,
et assumptum similiter.

[59] Item sequitur in eodem quod ista affirmativa contradicit in terminis suo opposito negativo, ergo oppositum dicti est verum.

145    [60] Et conformis difficultas est huic viae in talibus 'Homo est asinus
vel oppositum huius disiunctivae significat primarie sicut est' sicut
capta hac propositione 'Oppositum huius categoricae significat primarie
sicut est' demonstrando eandem categoricam per ly 'huius'.

[61] Ideo dicit alia responsio* quod sicut in casu ante posito sunt
150    duae negativae singulares de consimilibus terminis quarum una significat reciproce pro se ipsa et alia pro altera, sic correspondenter erit

dare tales duas affirmativas 'Haec significat primarie sicut est' 'Haec
significat primarie sicut est' quarum una contradicit $B$ et altera contradicit $A$. Nec habebunt istae duae affirmativae eundem sensum sicut
nec negativae illis contradictoriae. Unde sicut $B$ negativa significat    155
primarie quod $A$ non significat primarie ens quod est, vel quod modo
$A$ significandi primario non correspondet aliquod ens, sic affirmativa
sibi contradicens habebit talem sensum: modo significandi primario
$A$ correspondet aliquod ens, vel $A$ significat primarie aliquod ens quod
est. Et sicut $A$ negativa significat primarie convertibiliter cum hac '$A$    160
non habet significationem quae est', ut declaratum est superius, sic
affirmativa sibi contradicens habebit istum sensum: $A$ significat significatione quae est. Et ita conformiter dicunt de quocumque insolubili
negativo et suo opposito ut post videbitur.

[62] Contra quam opinionem arguitur sic, et signentur duae tales    165
affirmativae 'Hoc significat primarie sicut est' 'Hoc significat primarie
sicut est', quarum prima sit $C$ quae contradicat $A$ negativae et altera
$D$ quae non sic contradicat $A$. Contra: non est ratio signanda quare
$C$ contradicit $A$ quin per idem $D$. Probatur: utraque est affirmativa
singularis de consimilibus extremis et copulis significantibus primarie    170
idem et eodem modo, quia utraque significat independenter, ergo qua
ratione una sic contradicit $A$ eadem ratione utraque, quod est contra
dicta.

[63] Si dicatur quod illud est ad libitum intellegentis, tunc videtur
quod non est nisi extraneatio et transumptio significationis termini    175
sine auctoritate vel ratione. Oportet ergo dare causam aliam quare
una potius contradicit sibi quam altera.

[64] Item contradictio est manifestissima oppositio cuius nullum est
medium, ut patet per ARISTOTELEM, sed inter nullas propositiones
quarum una significat transitive et alia reciproce est manifestissima    180
oppositio, ergo sequitur quod talis affirmativa non contradicit $A$ negativae. Patet consequentia cum maiori. Et minor probatur: mani-
festior est oppositio quae est inter propositiones significantes transitive
vel inter propositiones simul significantes intransitive quam inter il-
las quae mixtim sic significant, ergo sequitur quod nulla talia contradi-    185
cunt cum tunc oppositio illarum foret manifestissima.

[65] Item posito quod Sortes dicat |**M** 25va| istam 'Deus est' et Plato
istam 'Non uterque istorum dicit propositionem quae primarie significat sicut est' cum circumstantiis requisitis ad insolubile, patet quod
istud insolubile est falsum et una propositio consimilis illi insolubili    190

est vera, ut post patebit, ergo iuxta opinionem praedictam esset dare
duas tales |**V** 82r| affirmativas 'Uterque illorum dicit propositionem
quae primarie significat sicut est'. Sed certum videtur mihi quod in
illis duabus |**P** 60v| universalibus affirmativis nulla videtur causa fin-
195 genda quare una taliter dispariter significat ab alia, ergo si una contradicit insolubili per idem et alia.

[66] Item istud insolubile negativum 'Hoc non significat primarie
ens quod est' significat primarie convertibiliter cum ista 'Nullum ens
est sua significatio', ut dictum est superius, ergo propositio sibi con-
200 tradicens oportet quod habeat sensum oppositum, istum scilicet quod
aliquod ens est sua significatio, sed ista affirmativa non habet talem
sensum, ergo non sibi contradicit. Patet consequentia cum maiori, et
minor probatur sic: causa propter quam conceditur quod insolubilia
sic convertibiliter significant est quia in talibus idem est significatio
205 et significatum, sed cum haec affirmativa significet transitive non idem
erit illi significatio et significatum et per consequens non converteren-
tur de ipsa tales duae propositiones 'Hoc significat' et 'Hoc significat
primarie sicut est', quas probatum est superius propter causam praedictam converti. Et si sic sequitur quod illa habet illum sensum pri-
210 marium 'Hoc significat primarie ens quod est' et non istum 'Hoc
significat primarie significatione quae est', vel quod 'Ens est significatio
eius'. *

[67] Quia haec duae opiniones conveniunt in sententia, licet ver-
baliter discrepent et forte verba unius responsionis uni sunt magis
215 placentia quam verba alterius, iuxta utramque opinionem ad argumenta praefacta per ordinem est respondendum. Est ergo opinio prima
talis quod generaliter contradictorium insolubilis dandum est per negationem praepositam aut per circumlocutionem, et aequipollentia talis
oppositi insolubilis debet dari per circumlocutionem, et sic numquam
220 debet dari contradictorium insolubilis in propositionibus de synonymis
subiectis praedicatis et copulis licet non possit dari nisi detur in terminis.

[68] Et ad primum argumentum huius in oppositum dicitur negando minorem. Nam haec singularis sibi contradicit quantum ad sensum 'Haec propositio significat primarie significatione quae est'
225 demonstrando *A*.

[69] Et ad argumentum confirmans dicitur quod non significant
primarie idem quantum ad intellectum. Hoc tamen significabile, *A*
significare sicut est, significatur negative per *A* et affirmative per *C*.
Non tamen idem sic significant, nisi forte vocaliter, sicut nec ista pro-

positio 'Omnes apostoli dei sunt duodecim' collective et divisive in- 230
tellecta significat idem, licet in utroque sensu significet omnes apostolos
dei esse duodecim.

[70] Ad secundum argumentum conceditur conclusio ut ibi aliqualiter declaratur.

[71] Et ad tertium argumentum conceditur quod per aliquam affir- 235
mativam contingit contradictorie componere ad compositionem $A$, et
negatur argumentum ultra factum.

[72] Ad confirmationem dicitur quod subtracta negatione residuum
significabit transitive independenter, et insolubile dependenter, ideo
non contradicunt. Nec est verum quod significant primarie idem 240
significabile ad intellectum, sed ista affirmativa et una negativa consimilis cum $A$ significans pro $A$ significant primarie contradictorie idem
significabile.

[73] In quarto argumento dupliciter potest dici: uno modo quod
non intellegitur dicta singularis eo quod oportet quod ipsa habeat 245
modum significandi fixtum secundum |**V** 82v| quem ipsa esset op-
positum alterius. In hoc enim quod demonstratur suum oppositum
praesupponitur ipsam pro alio significato habere oppositum.

[74] Sed quia conformis difficultas est in talibus 'Oppositum huius
categoricae significat primarie sicut est', 'Tu es asinus vel oppositum 250
huius disiunctivae significat primarie sicut est', ideo videtur aliter dicendum. Pro quo notandum quod sicut ista exclusiva in communi
casu, quod non sint plures exclusivae quam istae duae 'Tantum animal
est homo' quae sit $A$ et ista 'Tantum $A$ significat primarie sicut est',
significat ex consequenti se non significare primarie sicut est eo quod 255
significat quod nihil aliud ab $A$ est exclusiva vera, sic ista affirmativa
'Hoc significat primarie sicut est' demonstrando eius oppositum significat ex consequenti se non significare significatione quae est, eo quod
lex contradictoriarum talis est quod si unum est verum reliquum est
falsum. Et sequitur |**M** 25vb| formaliter: oppositum huius significat 260
primarie sicut est, ergo haec affirmativa significat primarie sicut non
est. Et sic patet quod ista, ut dicitur, reducitur ad |**P** 61r| insolubile
negativum. Dicitur ergo quod ista assignata contradicit suo opposito
pro eodem significando transitive in terminis, sed non taliter in terminis quod negativa sibi contradicens sit una negativa de consimilibus 265
extremis et copulis.*

[75] Et ulterius dicitur quod negativa sibi contradicens significat
reciproce pro se ipsa. Nec ex hoc sequitur quod ista negativa sit falsa.
Nam non significat simpliciter negative se non significare, sed sicut

270 suum oppositum reducitur ad insolubile negativum sic haec negativa
reducitur ad affirmativam. Oppositum ergo huius affirmativae est haec
negativa 'Non est ita quod haec non significat sicut est', quae aequipollet isti 'Hoc significat et cetera'.

[76] Et licet hảec responsio sit multum subtilis ac tamen alia re-
275 sponsio ponens quod contradictorium insolubilis potest dare per propositionem synonymam in terminis cum insolubili est mihi placen-
tior. Ideo ad argumenta contra ipsam per ordinem est respondendum.

[77] Et primo ad primum argumentum dicitur quod illa affirmativa
quae est contradictorium A significat dependenter. Pro quo nota quod
280 licet hoc significare primarie sicut est demonstrando A non dependent
a C, tamen haec veritas oppositum C significare primarie sicut est
dependet a C, propter relationem importatam cum illa oppositio, eo
quod est relatio, dependeat ab utroque eius extremo. Et patet causa
diversitatis quare C contradicit A et non B. Unde simile est cum sic
285 dicitur 'Istam substantiam esse non dependet a te' demonstrando filium
tuum, et tamen illum filium tuum esse dependet a te. Et sic patet quod
non est transumptio significationis cum ex hoc quod demonstratur oppositum illius limitatur ipsa ad sensum praedictum propter relationem
limitantem quae est oppositio, ubi D propositio significans A simpliciter
290 non consignificando oppositionem inter se multum dispariter significat.

[78] Ad secundum dicitur quod oppositio inter C et A est satis
manifesta quia idem significabile in consimilibus terminis simpliciter
affirmative significatur per unam et simpliciter negative per aliam.
. |V 83r| Unde licet ARISTOTELES fortasse dictum illud intellexerit
295 in propositionibus non insolubilibus, potest dici quod oppositio illa
vocatur manifestissima, quia notis terminis assentitur uni parti et dis-
sentitur alteri concludendo quod impossibile est illa sic significando
esse simul vera, quod non oportet in oppositione contraria vel quavis
alia.
300 [79] Ad tertium dicitur quod in casu posito affirmativa dicta a Platone inclusa in insolubili negativo et residua dempta negatione contradicit illi insolubili et nulla alia. Et causa est quia ipsa dicitur a
Platone et sic significat dependenter, cum dictio Platonis dependeat
a Platone dicente et a propositione dicta et significat convertibiliter
305 cum ista 'Quilibet istorum dicit ens quod est vel verum primo modo
intellegendo'.*

[80] Ad quartum dicitur quod verum concluditur si non aliunde
fieret ad talem sensum limitatio. Sed limitatio est ex aliunde facta.
Negatur itaque quod affirmativa illa non habet istum sensum 'Aliquod

ens est sua significatio'. Et quando dicitur quod in talibus significan- 310
tibus transitive non idem erit significatio et significatum, dicitur quod
licet non idem sit significatio ipsius affirmativae et significatum eiusdem, tamen idem est ibi significatio negativae et significatum primarium istius affirmativae, quod non est verum de alia affirmativa non
sibi contradicente ut patebit in processu. Unde quamvis in affirmativa 315
significante primarie se significare sit idem significatio sua et suum
primarium significatum, tamen id est impossibile de affirmativa contradicente negativae significanti reciproce pro se ipsa. Sed in talibus
sufficit quod significatum primarium illius affirmativae sit significatio
negativae. Nam cum sint contradictoria, oportet quod conveniant in 320
significato, sed negativa significat negative suam significationem, ideo
oportet quod primarium significatum affirmativae sibi contradicentis
sit significatio negativae, et cetera.

# ⟨Liber tertius: de principiis applicandis⟩
## ⟨Pars prima: de insolubili categorico⟩

### ⟨Capitulum primum⟩

[81] Istis |**M** 26ra| introductorie praemissis est de casibus insolu-
5 bilium consequenter dicendum. Ponatur quod Sortes dicat hanc propositionem 'Sortes dicit falsum' et nullam aliam principaliter quae
significet primarie praecise Sortem dicere falsum. Tunc quaero an
Sortes principaliter dicit falsum vel non. Et si sic, solum principaliter
|**P** 61v| dicit quod ipse dicit falsum, ergo falsum est quod ipse dicit
10 falsum.

[82] Confirmatur: nam si Sortes principaliter dicit falsum et nullam
propositionem principaliter dicit nisi istam propositionem 'Sortes dicit
falsum', ergo sequitur quod illa est falsa, et si sic tunc sicut ipsa primarie significat non est. Patet consequentia. Nam in eo quod res est
15 vel non est quam propositio primarie significat est ipsa vera vel falsa,
ut patet per ARISTOTELEM in **Praedicamentis.**

[83] Si dicitur quod dicit verum, tunc sequitur quod ista esset vera
'Sortes dicit falsum', et per consequens ita est quod Sortes dicit falsum,
et sic redeunt argumenta priora.

20 [84] Hic dicitur admittendo casum et concedendo quod Sortes dicit
falsum, quia propositionem carentem primario significato independenti,
ex quo non sequitur, ut patet in combinationibus membrorum veri
et falsi, quod si propositio sit falsa quod ipsa primarie significat sicut
non est, sed sufficit quod ipsa careat significato primario independen-
25 ti. Dicit etiam in casu isto verum secundo modo, quia propositio ab
ipso dicta primarie significat sicut est eo quod ipsa primarie |**V** 83v|
significat quod Sortes dicit falsum et ita est, ut praedicitur, ideo et
cetera.

[85] Et ista responsio est conveniens si sic dicto 'Sortes dicit falsum'
30 sumatur ly 'falsum' communiter pro falso quod primarie significat sicut
non est vel quod significat primarie sicut non est independenter. Sed
si ponatur quod ly 'falsum' teneatur pro falso secundo modo in ipso

insolubili, ita quod idem sit dicere 'Sortes dicit falsum' et 'Sortes dicit propositionem quae primarie significat sicut non est', admittatur. Et si quaeritur an Sortes dicit propositionem quae primarie significat sicut est, dicitur quod conditionibus praedictis additis claudit contradic- tionem ipsum dicere propositionem quae primarie significat sicut est, restringendo saltem dicere ad principale dicere. Nam sequitur: Sortes dicit propositionem quae primarie significat sicut est, et solum sic dicit istam 'Sortes dicit propositionem quae primarie significat sicut non est', ergo ipsa primarie significat sicut est, sed illa primarie significat quod Sortes dicit propositionem quae primarie significat sicut non est, ergo ita est quod ipse dicit propositionem quae primarie significat sicut non est, et solum dicit istam, ergo ista primarie significat sicut non est, quod est oppositum dicti. Conceditur ergo quod Sortes dicit pro- positionem quae primarie significat sicut non est.

[86] Sed contra: sequitur 'Sortes dicit propositionem quae primarie significat sicut non est, et solum dicit istud insolubile, ergo ipsum primarie significat sicut non est, sed ipsum insolubile significat pri- marie quod Sortes dicit propositionem quae primarie significat sicut non est, ergo non est ita quod Sortes dicit propositionem quae prima- rie significat sicut non est. Consequens est oppositum dicti. Probatur consequentia: nam ex opposito sequitur oppositum. Nam sequitur: ita est quod Sortes dicit propositionem quae significat primarie sicut non est, et ipsum insolubile primarie significat quod Sortes dicit pro- positionem quae primarie significat sicut non est, ergo sicut ipsum insolubile primarie significat est, quod est falsum.*

[87] Item si ista sit falsa 'Sortes dicit propositionem quae primarie significat sicut non est', et eius oppositum est, ergo eius oppositum est verum sic significando, sed eius oppositum est hoc 'Sortes non dicit propositionem quae primarie significat sicut non est', ergo illa est vera, et per consequens |M 26rb| ita est sicut ipsa primarie significat, sed ipsa primarie significat quod Sortes non dicit propositionem quae primarie significat sicut non est, ergo ita est quod ipse non dicit pro- positionem quae primarie significat sicut non est, quod est falsum.*

[88] Huic dicitur, admisso casu et facta restrictione de dicere, quod ipsum insolubile est simpliciter falsum secundo modo et tertio, quia reducitur ad insolubile negativum. Unde sicut haec affirmativa secun- darie* dicta a Sorte 'Sortes dicit propositionem quae primarie signifi- cat sicut est' significat primarie convertibiliter quod Sortes dicit propo- sitionem cuius primaria significatio est, sic ista affirmativa 'Sortes dicit propositionem quae primarie significat sicut non est' significat prima-

rie convertibiliter quod Sortes dicit propositionem cuius primaria
significatio non est, quod notum est esse falsum.

75    [89] Et tunc ad primum argumentum concedo quod illud insolubile
significat primarie sicut non est, et nego argumentum ulterius factum,
sicut non sequitur in suo convertibili 'istud insolubile significat primarie sicut non est, et ipsum primarie significat quod Sortes dicit propositionem cuius primaria significatio non est, ergo non est ita quod

80   Sortes dicit propositionem cuius significatum primarium non est'. Nec
ex opposito sequitur oppositum, sicut non sequitur 'ita est quod Sortes
dicit propositionem cuius significatum primarium non est, et illud in-
solubile primarie significat quod Sortes dicit propositionem |**V** 84r|
cuius significatio primaria non est, ergo illud insolubile primarie

85   significat sicut est vel ens quod est', sed potius sequitur oppositum.

[90] Et si quaeritur |**P** 62r| quare argumenta talia non procedunt,
dicitur quod ideo quia consequens et praemissae diversimode significant secundum dependentiam et independentiam. Ideo ad hoc quod
tales consequentiae teneant, oportet aut adaptare consequens ad sen-

90   sum praemissarum aut aliter oportet capere praemissas in sensu con-
clusionis ita ut in casu praedicto oportet quod vel concludatur quod
non est ita quod Sortes dicit propositionem cuius primaria significatio
non est, quod esset consequens pertinens sensui praemissarum, vel
quod addatur in minori quod illud insolubile taliter significat inde-

95   pendenter, et tunc est minor falsa.

[91] Ad secundum argumentum dicitur quod iuxta opinionem
primam de contradictoriis insolubilium dandis quod oppositum istius
est ista 'Non Sortes dicit propositionem quae primarie significat sicut
non est' quae aequivalet isti 'Sortes non dicit propositionem cuius

100  primaria significatio non est'. Sed iuxta opinionem aliam ad ipsum
respondetur admittendo quod eius oppositum est propositio assump-
ta, et negatur ultra argumentum factum. Bene tamen sequitur quod
ipse non dicit propositionem cuius primaria significatio non est. Ideo
oportet addere quod ipsa significet taliter independenter, vel adaptare

105  sibi aliud consequens.

[92] Et si obicitur dicendo quod non oportet addere quod illa negativa taliter significet independenter cum illud sit verum — nam eius
oppositum est una affirmativa independens ab illa negativa* — hic
dicitur quod dupliciter potest intellegi propositionem significare in-

110  dependenter: uno modo quod significet aliquod ens non immediate
ut huiusmodi causatum ab ipsa, quod potest esse cum hoc quod illa
propositio non sit. Et isto modo significat haec propositio 'Deus est'

et plura insolubilia independenter. Alio modo dicitur propositio significare primarie independenter quando significabile quod talis propositio
primarie significat potest esse sine ipsa propositione et non includit*   115
pertinenter ipsam propositionem sic significantem nec eius accidens
in sua significatione. Primo modo significant plura insolubilia inde-
pendenter, sicut negativa |**M** 26va| praeaccepta significat sic indepen-
denter. Secundo modo tamen nulla insolubilia significant independenter
cum flectunt significationes suas supra se. Et de isto modo indepen-   120
dentiae intellego quando dico quod oportet addere quod talis propositio
sic significet independenter. Sed de isto posterius.

[93] Ulterius nota quod, quando dicitur in principio secundi argumenti quod ista est falsa 'Sortes dicit falsum vel propositionem quae
primarie significat sicut non est', quod omnino petenda est demon-   125
stratio qua propositionem talem demonstraret, eo quod notum est
duas tales fore quarum una est vera et alia falsa. Si enim demonstratur
illud insolubile, ipsum est falsum. Si tamen demonstratur propositio
prolata a te vel alia transitive sic significans pro insolubili illo, tunc
est illa vera significans primarie quod Sortes dicit propositionem cui   130
non correspondet significatum primarium, quod est verum. Et ipsum
insolubile aliter significans est falsum.

[94] Et si quaeratur quare illud insolubile significat taliter dispariter
ab alia |**V** 84v|, dicitur quod ea de causa quod ipsum dicitur a Sorte
et alia non. Nam cum falsidictio sua sit actio et sic respectus, oportet   135
quod dependeat a re dicta ab ipso. Qua de causa cum illa dicta a
Sorte significet quod Sortes dicit propositionem quae primarie significat
sicut non est, et solum dicit istam, ipsa propter reciprocationem fac-
tam per falsidictionem significat convertibiliter quod Sortes dicit ipsammet et illius nulla significatio est.                                          140

[95] Et conformiter dicendum est ad tales propositiones: 'Hoc est
falsum' se demonstrata, 'Deus est vel Sortes dicit falsum' posito quod
Sortes dicat istam disiunctivam cum aliis circumstantiis positis. Si enim
ly 'falsum' communiter in utraque sumatur pro falso secundo modo
et tertio modo, tunc ipsa insolubilia sunt vera. Sed si sumatur tantum   145
pro falso secundo modo, tunc sunt falsa et reducuntur ad insolubilia
negativa falsa.

[96] Et neganda sunt proportionalia argumenta de istis sicut iam
dictum est in casu principali. Et quia nullum insolubile est affirmativum quin ipsum vel sibi synonymum reduci posset ad insolubile   150
negativum, ideo ut notitia ipsorum melius habeatur antequam ad alia
procedatur de insolubili negativo videtur pertractandum.

⟨*Capitulum secundum*⟩

[97] Pono quod Sortes principaliter concipiat solum taliter negative
de se ipso 'Non est ita sicut ego concipio'. Et pono cum hoc quod illa
|**P** 62v| propositio concepta ab ipso primarie significet praecise ut ter-
5 mini praetendunt. Tunc quaero an Sortes concipit sicut est vel non.
Et fiat restrictio ad principaliter concipere. Si concipit sicut est, et
solum concipit quod non est ita sicut ipse concipit, ergo ita est quod
non est ita sicut ipse concipit, quod est oppositum dicti.

[98] Item si concipit sicut est, et illud cum significet dependenter
10 significat primarie convertibiliter quod concipit conceptione quae non
est, ergo concipit conceptione quae non est. Consequens impossibile.

[99] Si dicitur quod concipit sicut non est, ergo conceptum ab ipso
significat primarie sicut non est, sed illud conceptum primarie significat quod non est ita sicut ipse concepit, ergo sequitur quod non est
15 ita quod non est ita sicut ipse concipit. Patet consequentia eo quod
sequitur: ita est quod non est ita sicut Sortes concipit, sed illud a Sorte
conceptum primarie significat quod non est ita sicut Sortes concipit,
ergo illud insolubile primarie significat sicut est.

[100] Confirmatur: nam si ista est falsa 'Non est ita sicut Sortes con-
20 cipit', et eius oppositum est hoc 'Ita est sicut Sortes concipit', ergo ipsum, ut patet per legem contradictoriorum, est verum. Et loquor de
vero et falso secundo modo. Et ultra, haec est vera 'Ita est sicut Sortes
concipit', ergo sicut illa primarie significat est, sed illa primarie significat
quod ita est sicut Sortes concipit, ergo ita est sicut Sortes concipit.
25 Patet consequentia.|**M** 26vb| Nam ex opposito videtur sequi oppositum.

[101] Item ponatur in casu quod Plato proferat istam 'Non est ita
sicut Sortes concipit'. Tunc arguitur sic: haec est vera, ergo cum eius
oppositum sit, sequitur quod ipsum est falsum, sed eius oppositum
est ista affirmativa 'Ita est sicut Sortes concipit', ergo illa est falsa,
30 quod videtur repugnare. Nam dictum est quod ipsa contradicit insolubili quod, ut dicendum, est falsum.

[102] Et patent istae deductiones. Nam aliter sequuntur istae conclusiones quod ista propositio 'Ita est sicut Sortes concipit' primarie
significat sicut est sic primarie significando et tamen non est ita sicut
35 Sortes concipit, et ista 'Non est ita sicut Sortes concipit' est falsa sic
significando et tamen non est ita sicut Sortes concipit. Quae conclu-
siones male sonant circumstantiis insolubilis |**V** 85r| cointellectis.

[103] Si dicitur quod sunt duae tales affirmativae quarum una contradicit insolubili et alia non, contra: illud non valet. Nam non est

maior ratio quare una sic contradicit quin per idem et altera. Pro- 40
batur: utraque significat ens ab ipsa independens, quia utraque significat pro negativa quae est ab ipsis independens. Et non est aliqua
ratio quare sic una contradicet et non altera nisi foret ita quod una
significet dependenter et alia non, quod non videtur verum.

[104] Hic dicitur admittendo casum. Nam possibile est quod talis 45
propositio concipiatur ab ipso non significando aliter primarie, cum
potest velle concipere sic et non est necessitatus ad aliam sic conci-
piendum, ergo potest illam sic concipere, et certum est quod non ob
hoc quod ipse sic concipiet ipsam significabit sibi illud insolubile aliter
primarie, ergo et cetera. Patet ergo quod caret ratione quod sunt ali- 50
quae propositiones verae quas sic significando impossibile est me sic
concipere vel credere sine formidine opposita.*

[105] Dicitur ergo quod conceptum ab ipso significat primarie sicut
non est. Quod sic patet: nam sicut haec affirmativa concepta a Sorte
'Ita est sicut Sortes concipit' significat convertibiliter cum ista 'Ens est 55
conceptio Sortis' vel 'Ita est quod Sortes concipit conceptione quae est'
sic ista negativa 'Non est ita sicut Sortes concipit' cum dicitur a Sorte
convertibiliter significat quod nullum ens est conceptio Sortis, eo quod
in talibus idem est significatum et res verbi. Ideo cum non sit ita quod
Sortes concipit conceptione quae non est, sequens est quod concep- 60
tum a Sorte sic significans sit falsum, quod fuit probandum. Nec valet
consequentia ulterius facta, sicut patet in suo convertibili. Nam non
sequitur 'Hoc conceptum significat primarie sicut non est, et ipsum
primarie significat quod non est ita quod conceptio Sortis est, ergo
non est ita quod non est ita sicut Sortes concipit'. Nec ex opposito se- 65
quitur oppositum, ut patet in suo convertibili capiendo talem minorem
'Illud conceptum a Sorte primarie significat quod non est ita quod
nullum ens est conceptio Sortis'.

[106] Et tunc ad confirmationem conceditur quod oppositum insolubilis est verum. Ex quo non sequitur quod ita est sicut Sortes con- 70
cipit, bene tamen sequitur |P 63r| quod ita est quod conceptio Sortis
est. Et causa est quia vel oportet quod concludatur consequens pertinens praemissis, aut quod addatur in minori quod ipsa affirmativa
sic significet independenter. Et patet quod conclusiones sunt sic con-
cedendae, nec sunt impossibiles aut male sonantes nisi non bene 75
intellegentibus.

[107] Ad secundum dicitur quod propositio dicta a Platone est vera.
Sed insolubile in consimilibus terminis propter disparitatem significandi
est falsum. Nec contradicit eadem affirmativa utrique. Sed affirmativa

80  dicta a Sorte quae est pars insolubilis contradicit illi |**M** 24ra| insolubili
cum idem est actus utriusque. Et alia affirmativa quae non dicitur a
Sorte contradicit negativae dictae a Platone. Sicut ergo duae sunt
negativae in consimilibus terminis quarum una est vera et reliqua
falsa, sic est de duabus affirmativis quod una est vera et alia falsa.
85  Ideo quando dicitur quod ista est vera vel ista est falsa, quaeratur
quam demonstrat.

[108] Et ulterius dicitur quod conceptio Sortis limitat affirmativam
in casu isto ad significandum contradictorie ad insolubile. Sed illa af-
firmativa accidentaliter sic significat sicut |**V** 85v| accidentaliter ista
90  negativa est insolubilis. Nam Sorte non concipiente ipsam sed alio,
non foret ipsa insolubilis. Et licet istae duae propositiones possint dici
independentes, quia affirmativa potest esse cum hoc quod negativa
non sit, ac tamen taliter non sunt independentes quod actus significandi unius non flectatur super actum significandi alterius, quod re-
95  quiritur ad insolubile. Et ista responsio est tenenda secundum viam
quae ponit affirmativas in terminis similibus contradicere insolubilibus.

[109] Si tamen teneatur alia opinio, tunc oppositum insolubilis debet
dari per negationem praepositam et aequipollentia per circumlocutionem, ut ista 'Non est ita quod non est ita sicut Sortes concipit' est
100  oppositum insolubilis et aequipollet huic 'Non est ita quod nulla conceptio Sortis est'.

[110] Et conforme insolubile contingit fieri de istis 'Non est ita sicut
Sortes principaliter credit', 'Hoc non significat primarie sicut est' se
ipsa demonstrata. Prima enim significat convertibiliter cum ista 'Non
105  est ita quod credulitas Sortis est' et secunda convertitur cum ista 'Hoc
non significat primarie significatione quae est', quorum utrumque est
falsum.

[111] Et patet quod captis his duabus affirmativis 'Sortes concipit
principaliter sicut non est' 'Haec propositio significat primarie sicut
110  non est' quod illae duae affirmativae inferunt formaliter negativas
praedictas. Ex prima enim affirmativa cum convertatur cum ista
'Sortes concipit conceptione quae non est' sequitur ex impossibili prima
negativa. Et conformiter ex secunda affirmativa quae convertitur cum
ista 'Haec propositio significat significatione quae non est' ex impossi-
115  bili sequitur secunda negativa. Ex quo patet qualiter omne insolubile
affirmativum vel sibi synonymum paululum variatis terminis reducitur
ad insolubile negativum, et cetera.

⟨*Capitulum tertium*⟩

[112] Viso de insolubili particulari affirmativo in se et insolubili negativo in se restat videre de his simul sumptis, quod tripliciter fieri potest: uno modo per duas affirmativas de falso, aut per duas negativas de vero, aut tertio per unam affirmativam de falso et per unam negativam de vero, quorum exempla posterius patebunt.

[113] Unde ponatur quod *A* et *B* sint istae duae propositiones 'Hoc est falsum' 'Hoc est falsum' se ipsas alternatim demonstrando, et significent primarie praecise sicut termini praetendunt. Et quaero an *A* sit verum sic significando aut non. Si sic, ergo ita est ut ipsum primarie significat, sed ipsum primarie significat quod *B* est falsum, ergo ita est quod *B* est falsum, et per consequens sicut *B* primarie significat non est, sed *B* primarie significat *A* esse falsum, ergo cum *B* non aliter primarie significet sequitur *A* non esse falsum.

[114] Quod suadetur sic esse falsum: *A* significat primarie dependenter, ergo *A* est falsum tertio modo. Patet consequentia, et assumptum sic: omnis propositio includens se ipsam in suo primario significato vel relationem ipsius pertinentem significat dependenter, sed *A* et *B* taliter se habent quod unum includit reliquum in sua significatione, ergo et cetera. Et quod *A* includit relationem in suo primario |**M** 24rb| significato pertinentem, probatur: *A* includit expresse falsitatem *B*, sed falsitas istius *B* dependet |**P** 63v| ab *A*, ergo includit relationem ipsius ad extrinsecum, et hoc pertinentem, quia ab ipsa dependentem. Minor probatur: falsitas qua *B* denotatur esse falsum cum sit relatio ipsius *B* ad primarium eius significatum dependet ab eius primario significato, et non potest dependere ab eius primario significato nisi dependeat ab *A*, ergo sequitur quod dependet ab *A*. Et |**V** 86r| correspondenter contingit arguere de *B*. Patet ergo quod tam *A* quam *B* sunt falsa tertio modo, ut videtur eo quod actus *A* reflectitur supra se ipsum *A* per actum significandi *B* et e contra.

[115] Sed si dicitur in principio quod *A* non est verum sic significando, contra: ita est quod *B* est falsum quia tertio modo, ut videtur per argumentum praecedens esse verum, et *A* primarie significat ipsum *B* esse falsum, ergo illud *A* sic significando est verum.

[116] Item realiter* sic: *A* primarie significat quod *B* primarie significat ens quod non est, sed ita est quod ens quod *B* primarie significat non est, ergo *A* est sic significando verum. Patet consequentia cum maiori eo quod ly 'falsum' in ipso *A* sumitur pro falso secundo modo, ut supponitur. Et minor probatur: *B* primarie convertibiliter

40 significat quod *A* significat primarie significatione quae non est, sed
non est ita quod *A* significat significatione quae non est, ergo ita est
quod ens quod *B* primarie significat non est. Patet consequentia cum
minori, et maior eo quod in propositionibus reciproce significantibus
convertuntur hi sensus 'Hoc significat primarie sicut non est' et 'Hoc
45 significat primarie significatione quae non est'. Et conforme argumentum contingit facere quod *B* est verum.

[117] Ad ista respondetur admisso casu quod si ly 'falsum' sumatur
communiter pro falso secundo modo vel tertio modo, tunc cum utraque sit falsa tertio modo utraque verificaretur secundo modo. Et sic
50 non valeret argumentum praefactum '*B* est falsum, ergo sicut ipsum
primarie significat non est', cum sint verae secundo modo et falsae
tertio modo, ut probat argumentum superius. Si tamen fiat restrictio
ad falsum secundo modo, ita quod idem sit dicere 'Hoc est falsum'
et 'Hoc significat primarie sicut non est', tunc reducuntur ad insolubilia
55 negativa.

[118] In isto tamen est duplex opinio. Prima dicit quod sicut talis
affirmativa 'Hoc significat primarie sicut non est' se demonstrata
significat convertibiliter se significare significatione quae non est, sic
*A* propositio significans pro *B* quod ipsum significat primarie sicut non
60 est propter reciprocationem in ipsis inclusam significat *B* significare
significatione quae non est. Et conformiter *B* significat *A* significare
significatione quae non est. Ideo utrumque simpliciter est falsum. Et
sic iuxta hanc viam, posito quod essent duae tales negativae 'Hoc non
significat primarie sicut est', 'Hoc non significat primarie sicut est' se
65 ipsas alternatim demonstrando, tunc utraque esset falsa, cum *A* significet *B* non significare significatione quae est, et e contra *B* significat
*A* non significare significatione quae est, quorum utrumque est falsum.
Et istae duae negativae praeacceptae convertuntur cum his duabus
'Hoc non est verum' 'Hoc non est verum' alternatim demonstrando.
70 [119] Patet etiam quod istae forent falsae saltem facta limitatione
veri pro vero secundo modo, ac etiam essent falsae si ly 'verum' sumatur primo modo cum tunc *A* significaret primarie *B* non esse ens
et e contra.

[120] Captis tamen istis duabus 'Hoc significat primarie sicut est'
75 et 'Hoc non significat primarie sicut est' alternatim demonstrando,
foret prima vera significans pro secunda quod ipsa significat primarie
significatione quae est. Sed secunda cum significet |**M** 24va| quod
prima non significet significatione quae est, esset simpliciter falsa. Nec
sequitur: haec affirmativa primarie significat quod negativa significat

primarie sicut est, et ipsa affirmativa sic significando est vera, ergo    80
illa negativa significat primarie sicut est. Bene tamen sequitur |V 86v|
quod ipsa negativa significat primarie significatione quae est. Et iste
esset sensus et conclusio conveniens modo significandi illius affirmativae. Et sic ad argumenta quae communiter solent fieri contra istud
respondendum est sicut ad insolubile negativum.                            85

[121] Et patet responsio iuxta hanc viam ad argumenta praeterquam
ad ultimum. Ad quod dicitur quod falsum est quod $A$ primarie |P 64r|
significat quod $B$ significat ens quod non est nisi forte vocaliter. Sed
$A$ primarie convertibiliter significat quod $B$ significat significatione
quae non est. Et cessat argumentum.                                        90

[122] Alia tamen est opinio ponens quod in casu posito $A$ significat
primarie quod $B$ significat primarie ens quod non est, et non convertibiliter significat cum hac '$B$ significat primarie significatione quae
non est'. Et in isto stat diversitas harum opinionum. Prima enim dicit
quod $A$ primarie significat convertibiliter $B$ significare significatione   95
quae non est. Sed secunda opinio ponit quod $A$ significat primarie
quod ens quod $B$ significat primarie non est, et, cum ipsummet $A$
significare sicut non est primarie $B$ significet, sequitur, ut probat
argumentum ultimum, quod in sententia $A$ primarie significat se ipsum non significare sicut non est. Et sic significat convertibiliter ac    100
si significaret se non significare significatione quae non est, quod est
necessarium.

[123] Ideo iuxta hanc viam dicitur utramque esse veram secundo
modo et tertio, cum conformiter intellegendum est de $B$ sicut dictum
est de $A$. Et quando arguitur tam $A$ quam $B$ esse falsa tertio modo,    105
quia utrumque significat dependenter, dicitur negando consequentiam.

[124] Pro quo notandum quod dupliciter contingit propositionem
independenter significare, ut praedicitur: uno modo, quia actus ipsius non reflectitur supra se. Et isto modo nullum insolubile significat
independenter. Alio modo quando significat ens quod potest esse cum    110
hoc quod propositio illa non sit, cum conditionibus positis capitulo
primo. Et sic hoc insolubile significat independenter. Et ad hoc quod
propositio sit vera tertio modo sufficit quod significet isto modo ultimo
independenter. Nec sequitur: '$A$ significat primarie quod $B$ significat
primarie sicut non est, et ipsum $A$ sic significando est verum, ergo    115
ita est quod $B$ significat primarie sicut non est' propter diversitatem
significationis dependentiae et independentiae.

[125] Si tamen capiantur duae tales negativae de vero 'Haec non
est vera' 'Haec non est vera', tunc dicitur quod si ly 'verum' sumatur

120 ibi pro vero primo modo, tunc falsificant se, cum significent alternatim
se non esse entia. Si tamen ly 'verum' sumatur secundo modo, tunc
utraque est vera. Quod sic ostenditur: sit prima negativa *E* et secunda *F*. Tunc patet quod *F* significat primarie *E* non significare primarie
sicut est. Notetur ergo illud significabile per *G*. Tunc arguitur sic: *E*
125 primarie significat quod ens quod *F* primarie significat non est, sed
*G* est illud significabile quod *F* primarie significat, ergo *E* primarie
significat *G* non esse, sed idem est *G* et ipsum *E* non significare sicut
est, ergo *E* cum sit negativa primarie significat quod non est ita quod
ipsum non significare sicut est est, et per consequens verificat se cum
130 significet convertibiliter cum ista negativa 'Non est ita quod *E* non
habet significationem'. Et correspondenter est de *F*. Unde istae negativae convertuntur cum affirmativis de quibus est principalis sermo.

[126] Facta tamen utrobique limitatione veri et falsi, et si ultimo
capiantur hae duae 'Hoc significat primarie sicut est' et 'Hoc non
135 significat primarie sicut est' alternatim demonstrando, dicitur quod
ambae sunt falsae. Affirmativa enim significat quod significabile quod
negativa significat primarie est, sed illud significabile est ipsam affir-
mativam non significare sicut est, |**M** 24vb| ideo affirmativa signifi-
cat convertibiliter quod ita est quod ipsamet |**V** 87r| non significat
140 sicut est. Et e contra de negativa. Ipsa enim significat quod non est
ita quod ens quod affirmativa primarie significat est, sed cum affirmativa primarie significet negativam significare sicut est, ideo negativa
significat convertibiliter ac si significaret quod non est ita quod ipsamet significat.* Et quantum ad argumenta in oppositum responden-
145 dum est sicut in materia insolubilis negativi.

[127] In istis itaque propositionibus iuxta hanc viam gravissimum
est respondere, cum in modo intellegendi sit quasi circulatio ex qua
circulatione videtur fere propositiones esse inintellegibiles. Ideo via
prior facilior est et forsan melior.

150 [128] Ex his patet quod non generaliter in talibus quaecumque illarum primo proponitur est concedenda. Sed de istis alternatim pro
se significantibus sufficiant. Et de illis quarum una significat transitive
et alia reciproce aliqualiter est declarandum.

## ⟨*Capitulum quartum*⟩

[129] |**P** 64v| Sit gratia argumenti *A* ista propositio 'Haec significat primarie sicut est', demonstrando *B* quod sit eius oppositum, significando primarie praecise sicut termini praetendunt. Et tunc quaero an *A* significat primarie sicut est vel non. Si sic, ergo sicut ipsum primarie significat est, et ipsum primarie significat quod hoc significat primarie sicut est demonstrando eius oppositum, ergo ita est quod eius oppositum significat primarie sicut est, et hoc significat primarie sicut est, ergo duo opposita sunt vera secundo modo propter illa significata secundum quae opponuntur, quod est impossibile cum tunc idem simul esset et non esset.

[130] Si dicitur quod non significat primarie sicut est, contra: si hoc non significat primarie sicut est, ergo cum eius oppositum sit, ipsum iuxta legem contradictoriarum significat primarie sicut est, quod tamen probatur dupliciter esse falsum. Primo per hoc quod si eius oppositum significat primarie sicut est et haec affirmativa significat quod eius oppositum significat primarie sicut est, ergo sicut illa primarie significat est, quod repugnat dicto.

[131] Item oppositum huius est negativa eo quod affirmativae opponitur negativa, sed illa negativa oportet quod significet negative pro illo quod affirmativa significat affirmative, sed affirmativa significat affirmative pro eius opposito, ergo ipsa negativa quae est eius oppositum significat negative reciproce pro se ipsa, et quaelibet negativa taliter significans sumpta sine determinatione est falsa, ergo ista erit falsa.

[132] Hic est duplex responsio. Prima dicit quod affirmativa est falsa, cuius causa talis ponitur: haec affirmativa cum significet transitive significat primarie quod eius oppositum significat primarie ens quod est, et per consequens implicat in sua significatione eius oppositum esse verum secundo modo, et non potest implicare eius oppositum esse verum nisi implicet se ipsam esse falsam, cum si unum contradictoriorum sit verum reliquum erit falsum. Ideo in eius significatione includit se ipsam esse falsam. Ex quo sequitur ut dicit opinio quod illa affirmativa est falsa reducibilis ad insolubile negativum.

[133] Et tunc negat tale argumentum 'Oppositum huius primarie significat ens quod est, et haec affirmativa significat primarie quod eius oppositum primarie significat ens quod est, ergo affirmativa sic significando est vera'. Negant enim argumentum eo quod haec affirmativa taliter significat dependenter.

[134] Et tunc dicunt quod sicut haec affirmativa reducitur ad nega-

40 tivam sic eius oppositum, licet sit negativa, reducitur ad affirmativam.
   Et sic non negat simpliciter pro se nisi cum inclusione affirmationis.
   Unde eius oppositum non est hoc 'Haec non significat primarie sicut
   est' se demonstrata sed una alia quae aequivalet huic 'Hoc significat
   primarie sicut est' se demonstrata.

45 [135] Et si obicitur quod cum non sit verius dare contradictorium
   quam per negationem praepositam |**V** 87v| toti quod hoc erit sua con-
   tradictoria 'Non hoc significat primarie sicut est' se demonstrata, et
   per consequens cum illa falsificat se, sequitur duo opposita esse falsa
   secundo modo propter significata quae opponuntur, ad illud dicitur
50 quod illa negativa non est eius oppositum. Et sic negatur quod non
   est dare verius contradictorium et cetera. Illud enim non est generaliter
   verum in materia insolubilium. Unde eius oppositum erit haec negativa
   'Non hoc non significat primarie sicut est' se demonstrata, quae reducitur ad hanc affirmativam 'Hoc significat' sicut eius oppositum re-
55 ducitur ad negativam.

   [136] Alia tamen via dicit quod cum negativa quae opponitur huic
   affirmativae significet convertibiliter se non significare significatione
   quae est eo quod significet reciproce, ut argutum est, ista affirmativa
   cum sit eius oppositum limitatur per oppositionem importatam in suo
60 significato primario ad significandum contradictorie sensum illius
   negativae, ita quod sicut illa negativa, haec videlicet 'Hoc non significat primarie sicut est' se demonstrata significat se non significare
   significatione quae est, sic ista affirmativa significat negativam ipsam
   significare significatione quae est. Et tunc sicut non valet hoc argumen-
65 tum 'Sicut hoc *A* primarie significat est, et ipsum *A* primarie significat
   quod *B* significat significatione quae est, ergo *B* significat primarie
   sicut est', sic nec valet argumentum contra hoc superius factum, sed
   sicut hoc *A* primarie convertibiliter significat quod *B* habet significationem vel quod significat significatione quae est, sic sequitur quod
70 *B* significat primarie significatione quae est. Et sic a contrario sicut
   affirmativa insolubilis est concedenda esse vera et negativa opposita
   affirmativae est concedenda esse falsa, sic una propositio consimilis
   cum propositione affirmativa est neganda et negativa transitive significans pro *B* est concedenda. Eligat respondens responsionem quae sibi
75 plus placuerit, quia sententia est eadem.

## ⟨*Capitulum quintum*⟩

[137] |**P** 65r| Restat iam videre de insolubili particulari negativo
sumpto cum determinabili cuiusmodi sunt talia: 'Non est ita sicut haec
propositio primarie significat ex institutione' 'Haec propositio non
significat primarie ens ab ipsa independens' 'Haec non est vera tertio      5
modo' et similia. Capiatur ergo haec propositio 'Primarium significatum *A* non est extra *A*', et sit *A* illa, quae primarie significet quod
primarium significatum *A* non est extra *A* et non aliter primarie. Et
quaeritur an *A* sit verum tertio modo vel non. Si dicitur quod sic, tunc
sic: *A* est verum tertio modo, ergo *A* habet significatum primarium     10
independens, et omne primarium significatum propositionis vere independens est extra ipsam propositionem, ergo sequitur quod primarium significatum *A* est extra *A*, sed ipsum *A* primarie significat quod
ipsius primarium significatum non est extra *A*, ergo ipsum *A* primarie
significat sicut non est, quod fuit intentum. Et consequentia patet.      15
Nam ex opposito sequitur oppositum.

[138] Item sit *B* una consimilis propositio cum *A* quae fuit sic
significando ante esse *A*. Et tunc arguitur sic: *B* propositio sic significando est vera, ergo sicut *B* primarie significat est, sed ipsum *B* primarie significat quod primarium significatum *A* non est extra *A*, ergo   20
ita est quod primarium significatum *A* non est extra *A*. Patet consequentia per hoc quod *B* sic significat independenter. Et maior probatur sic: *B* sic significando ut iam significat fuit ante esse *A* propositio
vera eo quod tunc fuit ita quod nullum primarium significatum *A* est
extra *A*, et non propter inceptionem *A* desinit *B* esse verum, ergo et   25
cetera. Patet consequentia cum maiori. Et minor probatur sic: haec
veritas negativa primarium significatum *A* non esse extra *A* est veritas
aeterna, sed illam veritatem primarie significat iam hoc *B*, ergo adhuc
ipsum est verum. Maior probatur sic: significationem *A* non esse
extra *A* est veritas aeterna |**V** 88r|, sed in significantibus reciproce et  30
vere idem est significatio et significatum, ergo primarium significatum
*A* non esse extra *A* est veritas aeterna, et si sic tunc tam maior quam
minor est vera.

[139] Item nulli impositores imposuerunt istam propositionem ad
significandum primarie quod nulla est significatio sua extra se, ergo    35
si illa significat primarie aliquod ens ab ipsa distinctum, videtur quod
illud foret hoc primarium significatum *A* non esse extra *A*, sed non
est ita quod primarium significatum *A* non est extra *A* eo quod *A* est
verum tertio modo ut dicitur, ergo illa est falsa.

40    [140] Item sic: omne insolubile est falsum tertio modo, ergo cum
A insolubile sit, ipsum est falsum tertio modo. Assumptum sic: omne
insolubile est propositio cuius actus supra se reflectitur. Et tunc ultra:
actus significandi primarius A reflectitur supra se, ergo A significat
primarie dependenter, et non duobus modis primarie significat, ergo
45  sequitur quod caret primario significato independenti, ergo et cetera.
      [141] Si dicitur in principio quod A non est verum tertio modo, con-
tra: sequitur 'hoc A non est verum tertio modo, et ipsum primarie
significat se non esse verum tertio modo, ergo A primarie significat
sicut est'. Patet consequentia cum significet independenter eo quod
50  hoc non esse verum tertio modo sic significando est veritas aeterna
independens a propositione.
      [142] Item capiatur haec affirmativa quae sit G 'Primarium signi-
ficatum G est extra G'. Tunc patet ut satis leviter deduci potest quod
ipsa significat convertibiliter quod sua significatio est extra se, ergo per
55  locum a contrario negativa significans quod primarium significatum
sui non est extra se ipsam convertibiliter significabit cum ista 'Primaria
significatio sui non est extra se', sed A est una propositio taliter consimilis, ergo sequitur quod A sic significando significat convertibiliter
quod significatio sua non est extra se, et cum significationem suam
60  non esse extra se sit ens extra A, sequitur quod ens quod illa primarie
significat est extra A, et per consequens A est verum tertio modo. Patet
deductio per hoc quod non est aliqua evidentia ad probandum quod
haec negativa 'Hoc non significat primarie sicut est' significat primarie
convertibiliter quod ipsa non significat significatione quae est, nisi quia
65  in affirmativa synonyma* pro se ipsa significante tales sensus convertuntur 'Haec significat' et 'Haec significat significatione quae est'. Con-
formiter erit |P 65v| in proposito de aliis duabus propositionibus vel
detur causa diversitatis.
      [143] Huic dicitur admittendo casum, et conceditur quod A est
70  verum tertio modo ut argumentum ultimum bene probat, et conceditur
quod eius primarium significatum est extra ipsam A. Et tunc negatur
haec consequentia 'Primarium significatum A est extra A, et ipsam
A primarie significat quod primarium significatum A non est extra A,
ergo A primarie significat sicut non est'. Convertitur enim cum tali
75  'Ens quod A primarie significat est extra A, et A primarie significat
quod primaria eius significatio non est extra se, ergo A primarie
significat ens quod non est'. Nec ex opposito sequitur oppositum, ut
patet reducendo minorem in suum convertibile.
      [144] Ad secundum dicitur quod B quandocumque fuit ante esse

*A* sic significando fuit verum et tamen ipsum *B* significando ut prius  80
est falsum, *A* sic significante. Negatur itaque quod *B* propositio fuit
sic significando necessaria vel non desiit esse vera. Et negatur ultra
quod haec est veritas aeterna: primarium significatum *A* non esse extra *A*. Immo conceditur ut prius quod primarium significatum *A* est
extra *A*. Et quando arguitur quod primariam significationem *A* non  85
esse extra *A* est veritas aeterna, ergo cum in talibus significantibus
vere reciproce idem sit significatio et significatum, sequitur quod
significatum *A* non esse extra *A* est veritas aeterna, negatur consequen-
tia. Maior enim est vera |**V** 88v| et minor est vera in aliquibus, in
aliquibus tamen non. Significatum enim huius *A* negativae distinguitur  90
a significatione ipsius propositionis. Et consequens est manifeste falsum.

[145] Notandum tamen quod si *B* significaret primarie quod nulla
significatio primaria *A* est extra *A* vel quod nullum ens extra *A* est
eius significatio, tunc foret *B* verum sic significando significans primarie veritatem aeternam sicut ipsum *A* iam significat. At tamen  95
primarium significatum *A* non esse extra *A* non est veritas aeterna.

[146] Pro materia argumenti tertii notandum quod quaedam sunt
signa quae naturaliter et ex impositione significant sua primaria significata, quaedam quae significant significata sua solum ex impositione
et non naturaliter.*                                                          100

[147] Sed notandum quod impositio tripliciter sumitur. Uno modo
enim volitio qua quis vult quod signum tale talem rem significet, sive
signum tale significet illud naturaliter sive non, dummodo ipsa volitio
est principium effectivum ipsius impositionis,* dicitur impositio. Et
isto modo haec propositio 'Hoc est' significat ex impositione, et illa  105
negativa insolubilis de qua fit sermo.

[148] Secundo modo volitio qua quis vult quod res talis significet
rem distinctam non concomitante natura, dummodo ipsa volitio est
principium effectivum illius significationis, dicitur impositio. Isto etiam
modo significat propositio negativa praeassumpta, et tales 'Deus est'  110
'Homo est animal' et similia.

[149] Et si obicitur quod tu vis lapidem significare se esse, illa volitio ergo erit impositio, dicitur quod non sequitur eo quod, licet tu
velles oppositum, lapis si est non minus sic significat, et per consequens voluntas tua non est principium effectivum illius significationis,  115
quia tunc te desinente sic velle, ipsa non significaret.

[150] Sed tertio modo ordinatio facta a pluribus ex consensu quod
tale sic significet dicitur impositio, quae proprie vocatur institutio. Et
taliter illud insolubile non significat primarie ex impositione, nec ista

120 negativa 'Haec non est vera tertio modo' se demonstrata. Primo modo
tamen et secundo modo significat ipsa primarie.

[151] Et patet quod assumptum argumenti est verum et consequens
falsum si non demonstratur idem significabile in sensu in quo ipsa
significat, quod si sic demonstraretur, tunc est consequens verum et
125 argumentum ultra factum non valet.*

[152] Pro materia quarti argumenti notandum quod dupliciter intellegi potest propositionem independenter significare ut praedicitur:
uno modo propositio primarie significans ens non immediate causatum
ab ipsa quod potest esse sine illa dicitur significare independenter.
130 Secundo modo omnis propositio quae primarie significat ens in quo
nec ipsa nec relatio ad ipsam pertinens expresse includitur dicitur
significare independenter.

[153] Et conformiter omnis propositio quae primarie significat ens
quod non potest esse sine illa propositione dicitur significare depen-
135 denter. Secundo modo, omnis propositio quae se ipsam includit in sua
significatione vel relationem ad ipsam pertinentem dicitur significare
dependenter, cuiusmodi sunt tales 'Oppositum huius est' demonstrando
oppositum huius indefinitae. Ibi enim includitur oppositio |**P** 66r|.
Ista tamen 'Caelum differt a deo' eo quod non significat relationem
140 pertinentem non significat dependenter.

[154] Dicitur ergo quod negativa significat independenter primo
modo loquendo quia veritas quam primarie significat est aeterna.
Significat tamen dependenter secundo modo sicut et omne insolubile,
ut probat argumentum illud. Ex quo non sequitur quod omne inso-
145 lubile sit falsum tertio modo. Tamen ad hoc quod propositio sit vera
|**V** 89r| tertio modo sufficit quod significet independenter primo modo
cointellegendo conditiones primo capitulo de eodem positas. Et patet
ulterius quod eadem propositio significat dependenter et independenter.

[155] Patet etiam quid dicendum est ad tres propositiones primitus
150 pro exemplis adductas. Prima enim est vera tertio modo, et veritatem
quam ipsa primarie significat ipsa significat ex impositione loquendo
de impositione primo modo vel secundo, non tamen ex institutione
quae dicitur impositio tertio modo sumpta. Secunda et tertia sunt
verae primarie significantes quod significationes suae non sunt ab ip-
155 sis independentes. Consimiles tamen propositiones in voce sunt negan-
dae. Et in tertia propositione est negandum hoc argumentum 'Haec
propositio primarie significat quod ipsamet non est vera tertio modo,
et ipsa est vera significando quod non est vera tertio modo, ergo ita
est quod non est vera tertio modo' sicut patet capiendo talem minorem

'Ipsa primarie significat quod significatio sua non est extra se vel ab 160
ipsa independens', et cetera.

[156] Ulterius est notandum quod cum in significantibus reciproce
convertantur isti sensus 'Hoc non est falsum secundo modo' et 'Hoc
non significat primarie significatione quae non est', 'Sortes non dicit
falsum secundo modo' et 'Sortes non dicit ens quod non est vel pro- 165
positionem cuius primaria significatio non est', patet quod istae propositiones in communibus casibus sunt verae 'Sortes non dicit falsum
secundo modo sic dicendo' 'Hoc non est sic falsum sic significando'
se demonstrata. Sunt enim verae non tantum secundo modo sed tertio, cum significent primarie veritates negativas aeternas. Et sua op- 170
posita forent secundo modo et tertio falsa, ut patet advertendo.

[157] Unde sicut haec affirmativa 'Hoc est falsum' sumendo ly 'falsum' communiter verificat se, sic tales propositiones 'Hoc non est
falsum' 'Sortes non dicit falsum' et similia falsificant se si ly 'falsum'
sumatur universaliter pro falso secundo modo vel tertio cum signifi- 175
cent se non esse falsas secundo modo vel tertio modo non obstante
quod sint falsae tertio modo.

[158] Item notandum quod sicut haec categorica est vera secundo
modo 'Haec est falsa tertio modo' sic hoc insolubile hypotheticum est
verum secundo modo 'Tu es asinus vel ista disiunctiva est falsa tertio 180
modo'. Et sicut haec categorica est vera tertio modo 'Haec non est vera
tertio modo' significando primarie convertibiliter quod significatio sua
non est extra se, ut supra dicitur, sic haec est vera tertio modo 'Tu
es asinus vel haec non est vera tertio modo'. Et conformiter ad talia
insolubilia hypothetica est respondendum sicut ad insolubilia categori- 185
ca synonyma aliqualiter est doctum, et cetera.

⟨*Capitulum sextum*⟩

[159] Sequitur iam videre de insolubili universali affirmativo
cuiusmodi sunt talia 'Quaelibet propositio scita a te est aliqua istarum'
demonstrando quamlibet propositionem scitam a te quae non est ista,
'Omnem propositionem quam scis per horam secundum se totam 5
futuram scies',* 'Utrumque istarum significat primarie sicut est' vel
'Hoc est verum' demonstrando oppositum eiusdem et hanc propositionem 'Deus est', et similia.

[160] Ponatur ergo quod ista propositio 'Omnis propositio est falsa'
10 sit omnis propositio et significet ut termini praetendunt ita quod non
significet aliter primarie. Tunc quaeritur an haec sit vera sic significando vel falsa. Si vera, tunc sequitur quod ita est sicut illa primarie
significat, sed illa primarie significat quod omnis propositio est falsa,
ergo ita est quod omnis propositio est falsa, et per consequens ipsa
15 est falsa, et si sic tunc sicut illa primarie significat non est, sed illa
primarie significat quod omnis propositio est falsa, ergo non est ita
quod omnis propositio est falsa, quod est oppositum concessi.

[161] Si dicitur in principio quod ipsa |**V** 89v| sic est falsa, tunc
|**P** 66v| redeunt argumenta praefacta.

20 [162] Item sequitur 'Omnis propositio est falsa tertio modo, ergo
sicut illa primarie significat est'.

[163] Hic dicitur quod si ly 'falsum' sumatur communiter pro falso
secundo modo et tertio modo tunc est idem insolubile verum secundo
modo et tertio modo falsum. Ex quo non sequitur 'Haec est falsa, ergo
25 sicut illa primarie significat non est' nisi restringatur ly 'falsum' ad
falsum secundo modo, quod si restringatur tunc concedatur quod
ipsa est falsa et negatur argumentum ulterius factum, ut patet capiendo
talem minorem 'Illa primarie significat quod omnis propositio significat
significatione quae non est'. Bene tamen sequitur quod non est ita
30 quod omnis propositio significat primarie significatione quae non est.

[164] Et si iterum ponatur quod ista et eius oppositum sint omnes
propositiones, admittitur ad istum sensum quod quaelibet propositio
aut est aliqua istarum aut pars alicuius istarum et sic quod non sint
plures propositiones quae non sint partes propositionum nisi istae.
35 Aliter enim est negandus casus. Dicitur tunc quod negativa est vera
significans primarie convertibiliter quod non omnis propositio significat
primarie significatione quae non est, et affirmativa est falsa ut praedicitur.

[165] Notandum tamen cum diligentia quod ista propositio 'Omnis
40 propositio est falsa' accidentaliter significat convertibiliter cum ista
'Omnis propositio significat primarie significatione quae non est'. Nam
posito quod 'Homo est animal' vel alia propositio vera significans
primarie independenter sit, tunc illa universalis primarie significaret
aequaliter sicut ante quod omnis propositio significat primarie ens
45 quod non est sed non convertibiliter cum ista 'Omnis propositio significat primarie significatione quae non est', sicut ista propositio 'Omnis propositio significat primarie sicut est' iam non convertibiliter
significat quod omnis propositio significat primarie significatione quae

est et tamen posito quod ipsa esset omnis propositio illa primarie convertibiliter significaret quod omnis propositio primarie significat signi-   50
ficatione quae est.

[166] Et si arguitur contra illud quod ista propositio 'Omnis propositio significat primarie sicut est' iam significat aequaliter dependenter sicut tunc posito casu illo ipsa significaret, ergo cum nulla sit
causa danda quare sic tunc significaret et non modo nisi causa depen-   55
dentiae, sequitur quod ipsa iam significat primarie convertibiliter quod
omnis propositio significat primarie significatione quae est eo quod
tunc sic significaret, et tunc sequitur quod haec veritas omnem propositionem primarie significare ens quod est non possit significari
primarie per aliquam talem propositionem 'Omnis propositio primarie   60
significat sicut est' eo quod illa iuxta concessa significat primarie sicut
est.

[167] Hic dicitur: concedo quod ista propositio 'Omnis propositio
significat primarie sicut est' iam significat dependenter quia includit
se ipsam in suo primario significato, non tamen aequaliter sicut tunc   65
quia modo primarium significatum eius non convertitur cum hac propositione 'Omnis propositio significat primarie significatione quae est'
et tunc sic convertibiliter significaret. Unde sicut primarium significatum huius 'Falsum est', non iam convertibiliter infert quod propositio
significans significatione quae non est est, et tamen ipsa existente om-   70
ni propositione sic inferret, consimiliter quodammodo est in proposito,
cuius totalis causa est diversa causantia.*

[168] Et conformiter dicitur de his propositionibus 'Omnis propositio
significat primarie sicut non est' 'Aliqua propositio non significat
primarie sicut non est' quod si sint propositiones plures verae in-   75
dependenter significantes quod non sunt insolubiles nec taliter convertibiliter significant pro suis significationibus affirmative vel negative.
Et causa est quia actus ipsarum propositionum iam transeunt in |V
90r| extrinsecum. Et tunc non transirent in extrinsecum quantum ad
verificationem, cuius causa esset quia illud quod principaliter affir-   80
ma⟨re⟩tur per universalem esse esset eius significatio et quod principaliter negaretur esse per negationem* esset eius significatio.

[169] Et quantum ad duas propositiones pro exemplis adductas
dicitur quod prima propositio non est insolubilis nisi illa significaret
taliter primarie. Quod dicunt quidam esse impossibile cum hoc quod   85
aliqua propositio sit scita a te eo quod tunc sequeretur |P 67r| con-
tradictio ut communiter arguitur. Alii quidem dicunt quod in materia
insolubilium pars non potest supponere pro toto cuius est pars.

[170] Sed prima responsio videtur mihi incredibilis quia cum sit
90 mirum quod aliqua sit propositio vera et affirmativa quae manebit
vera pro tempore et tamen impossibile est me credere eam ⟨...⟩* sic
significare me aliqualiter aliter credente, patet conclusio de prima propositione iuxta sic opinantem.

[171] Sed certum mihi videtur quod sic opinans non negaret quod
95 impossibile est ipsum sic significando credere illam nisi sciret quod
illa sic significat. Quod patet ex hoc quod dicit quod possibile est ipsum credere illam firmiter aliter significando et non sic significando.
Sic opinans discrevit ergo quod illa sic significat.

[172] Et certum est quod si contingit ipsum sic credere tunc con-
100 tingit ipsum sic credere sine haesitatione firmiter contraria de possibili.
Probatur: per se impossibile creditur a te firmiter sine haesitatione contraria de possibili, ergo omne illud quod est temporaliter verum,
possibile est te sic credere. Patet consequentia per locum a maiori,
cum illa sit vera cum non adhuc credis illam ut pono. Sequitur ergo
105 conclusio.*

[173] Item, nulla contradictio sequitur ex hoc quod tu sic crederes
firmiter sine haesitatione, nec est impotentia ex parte tui ad sic creden-
dum, nec est illa impotentia ex parte credibilis, ergo sequitur quod
possibile est te sic credere. Patet consequentia cum minori et maior
110 posito quod nulla propositio sit scita a te cum hoc quod credas quod
quaelibet propositio scita a te esset aliqua istarum demonstrando ut
prius.

[174] Forte dicitur quod possibile est te sic credere non tamen cum
hoc quod aliqua propositio sit scita a te. Contra: facio tibi hanc con-
115 sequentiam 'Tu credis firmiter sine haesitatione contraria quod
quaelibet propositio scita a te est aliqua istarum demonstrando ut
prius, ergo nulla propositio est scita a te'. Quod consequentia non valet
satis liquet. Via tamen ista habet concedere illam. Aliter enim ponendo oppositum consequentis cum antecedente haberetur casus prius
120 positus.

[175] Nec valet ista responsio paululum variatis terminis ut in istis
relinquitur eadem difficultas 'Omnis propositio scita a te est non
scripta' et 'Omnis propositio scita a te est non visa a te aut non vocalis', posito quod omnis propositio scita a te alia ab ista foret men-
125 talis cum hoc quod firmiter crederes illam primam quam demonstro
quae sit scripta, et ponendo pro secunda quod ipsa foret vocalis conformiter a te credita nulla alia vocali credita a te, et cetera.

[176] Et haec propositio 'Omnis propositio scita ab aliquo homine

est extra $B'$ est vera et scita a te esse vera, posito quod credas eam
sic significare firmiter et quod $B$ sit locus in quo nulla propositio sit    130
cum hoc quod aliqua propositio sit scita ab aliquo homine. Et certum
est quod stat illam propositionem ferri vel poni in $B$ locum te conti-
nuante credibilitatem ut prius.

[177] Item capiatur haec propositio 'Omnis propositio existens per
istum locum significat primarie sicut non est' et demonstro locum per    135
quem adaequate ipsa est. Et redeunt |$V$ 90v| argumenta insoluta ubi-
que posito quod credas illam.* Et patet quod responsio ista nullius
est efficaciae.

[178] Secunda etiam responsio est contra suppositionem tertiam.

[179] Item cum pronomen de se non significet aliquid limitate sed    140
per demonstrationem sequitur quod omne quod cognosco possum ipso pronomine demonstrare, sed ipsam propositionem sic cognosco, ergo
illam illo pronomine possum demonstrare.

[180] Item omne intellegible cuius tale pronomen non est pars possum illo pronomine demonstrare, sed haec propositio est intellegibile    145
cuius hoc pronomen non est pars, ergo et cetera. Patet consequentia
cum minori posito |$P$ 67v| quod pronomen illud maneat corrupta pro-
positione illa. Quae enim ratio: quod chimeram et omne intellegibile
praeter hoc possum hoc pronomine demonstrare. Argumentum hoc
supponit istam propositionem esse scriptam aut vocalem.                150

[181] Item, ut dicit haec opinio, haec propositio 'Falsum est' existens
insolubilis non supponit pro se ipsa quia exceptive supponit. Sic nec
per ly 'istarum' demonstratur ipsamet propositio, cum exceptive fiat
demonstratio. Vel si sic tunc per idem subiectum illius propositionis
'Falsum est' supponeret pro illa et falsificaretur pro se.              155

[182] Item sequitur iuxta hanc viam et descriptionem insolubilis communiter datam quod nulla propositio foret insolubilis. Nullius enim
propositionis insolubilis actus flecteretur supra se cum omne insolubile
significet exceptive.

[183] Relictis ergo istis subterfugiis notandum quod proportionaliter    160
sicut propositio est tripliciter vera sic, cum verum ut huiusmodi scitur,
tripliciter contingit ipsam scire. Uno modo enim scitur quia cognoscitur. Et sic omnis propositio scitur. Secundo modo quia eius primarium significatum sive sit dependens sive independens scitur. Et tertio
modo quia eius primarium significatum independens scitur. Primus    165
modus sciendi correspondet vero primo modo sumpto et secundus
secundo et tertius tertio.

[184] Ulterius notandum quod sicut verum primo modo et verum

secundo modo sumptum in quibusdam propositionibus mutuo se in-
170 ferunt, ut dictum est in principio de talibus 'Haec propositio est' et
'Haec propositio significat primarie sicut est' eadem in conceptu
demonstrata quae convertuntur cum ista 'Haec propositio significat',
sic in quibusdam propositionibus gratia terminorum scientia primo
modo et scientia secundo modo dicta mutuo se inferunt, ita quod est
175 dare aliquam propositionem quae si scitur primo modo scitur secundo modo si taliter significet, ut patet de ista propositione 'Haec propositio scitur' quae convertitur cum his tribus: 'Haec propositio est'
'Haec propositio cognoscitur', 'Primarium significatum huius cognoscitur'. Si enim est cognoscitur et e contra,* ergo primae duae conver-
180 tuntur. Et si cognoscitur, tunc cum ipsa primarie significat quod
cognoscitur vel scitur, quod idem est, patet quod eius primarium significatum scitur. Nam cognitio sua quae est eius primarium significatum
cognoscitur, ergo eius primarium significatum cognoscitur.

[185] Ex quo ulterius est notandum quod sicut 'Haec propositio
185 significat' se demonstrata primarie significat suam significationem, sic
haec propositio 'Haec propositio scitur' se demonstrata primarie significat suam cognitionem. Et sicut haec negativa 'Haec non significat
primarie ens quod est' se demonstrata significat convertibiliter se non
significare significatione quae est sic haec negativa quod sit $F$ 'Haec
190 propositio non scitur' se demonstrata significat primarie convertibiliter
quod cognitio qua cognoscitur non est vel cognoscitur, immo quod
propositio ipsa non cognoscitur. Ex quo patet quod falsificat[ur] se,
cum eo quod est cognoscitur.

[186] Alia tamen negativa synonymis in terminis cum $F$ et signifi-
195 cans transitive pro $F$ non significat primarie convertibiliter modo quod
cognitio $F$ aut quod ipsum $F$ non cognoscitur, sed primarie significat
quod primarium significatum $F$ non cognoscitur, quod est verum si
fiat locutio de scire secundo modo. Si enim fiat sermo de scire primo
modo, sic utraque [tamen] foret falsa. ⟨Tamen⟩ restringendo ad scire
200 proprie, patet quod ista consequentia non valet 'Quia ita est quod hoc
$F$ non scitur et ipsum $F$ primarie significat quod non scitur, ergo ipsum $F$ primarie significat sicut est', sicut non sequitur 'Ita est quod
primarium significatum $F$ non scitur, et $F$ primarie significat quod
ipsamet ac cognitio et scientia sua, quod idem est, non scitur, ergo
205 $F$ primarie significat ens quod est'. Bene tamen sequitur quod est
cognitio [est]. De propositione tamen iterum significante transitive
bene sequeretur argumentum primum.*

[187] Istis praemissis additur quod omnis propositio scita a me alia

ab ista sit mentalis cum hoc quod haec sic significando firmiter a me
credatur quae sit scripta, vocalis |**P** 68r| vel a me visa. Et tunc con-   210
cederetur quod talis primarie significat sicut non est quia significat
quod quaelibet propositio scita a me est non scripta, quod falsum est.
Ipsa enim est scita a me quia primo modo, et tamen non est non scripta.

[188] Si tamen fiat restrictio ad scire secundo modo ita quod idem
sit dicere 'Quaelibet propositio scita a te est non scripta vel non visa   215
vel ita de aliis', et tunc negatur consequentia ista 'Quaelibet propositio
scita a te est aliqua istarum, et haec propositio sic primarie significat,
ergo sicut illa primarie significat est', sicut non sequitur 'Quaelibet propositio cuius primarium significatum scitur a te est aliqua illarum, et
haec propositio primarie significat quod quaelibet propositio cognita   220
est aliqua istarum, et cetera, ergo sicut illa primarie significat est', ut
patet advertendo diversitatem modorum significandi et sciendi.

[189] Et si obicitur quod illae non significant [in]dependenter, dicitur
quod illud est falsum. Quaelibet enim istarum in sua significatione
aut importat cognitionem vel visionem meam quae sunt relationes ab   225
ipsis obiective dependentes. Et haec est causa quare alia propositio
synonyma cum hac, quae propositio est non cognita vel non visa a
me, non foret in casu insolubilis, cum relatio per ipsam tunc impor-
tata esset ab ipsa independens. Dum tamen a me cognoscitur tunc
cognitio dependens debet tam a me quam ab illa. Et tunc dispariter   230
et significaret.

[190] Et conformiter respondetur ad hanc propositionem 'Omnem
propositionem quam distincte scis per horam futuram post hoc scies'
dummodo fiat locutio de futuro distinguendo futurum contra praesens,
de quo apud multos multiplex est responsio ut alibi diffusius est visum.   235

[191] De ultimo tamen exemplo dicitur iuxta |**M** 27ra| viam quae
ponit contradictoria insolubilium esse danda per negationem praepositam toti quod haec propositio 'Utrumque istorum est verum', demonstrando oppositum huius universalis praeassumptae et hanc propositionem 'Deus est', reducitur ad insolubile negativum, eo quod ex hoc   240
quod significat primarie convertibiliter suum oppositum esse verum
significat se non esse verum, et sic falsificat se. Et oppositum illius
erit haec negativa 'Non utrumque istorum significat primarie sicut est'
quae reducitur ad affirmativam. Et aequipollentia illius debet dari per
circumlocutionem. Ex sic iuxta hanc viam insolubile est negandum.   245
Quandocumque tamen proponitur propositio consimilis, propter ipsum insolubile est concedendum.

[192] Sed iuxta viam quae ponit quod contradictoria insolubilium

dantur in terminis, dicitur quod universalis illa insolubilis quandocum-
250 que proponitur est concedenda esse vera universalis et tamen consimlis
est neganda. Cuius causa talis est: oppositum huius universalis oportet
quod sit negativa negans reciproce se esse veram. Unde negativa illa
quae opponitur huic universali significat primarie convertibiliter cum
illa 'Alterum istorum non significat significatione quae est'. Tamen
255 alia negativa quae non opponitur huic universali significat primarie
quod alterum istorum, demonstrando hanc propositionem 'Deus est'
et *B*, non significat primarie ens quod est. Ideo ipsa est vera et negativa opposita insolubili est falsa. Et sicut illa insolubilis negativa significat primarie convertibiliter quod alterum istorum, demonstrando ut
260 prius, non significat primarie significatione quae est, sic haec universalis affirmativa insolubilis significat primarie convertibiliter contra-
dicendo sensui, scilicet quod utrumque istorum significat primarie
significatione quae est, quod est verum. Alia tamen universalis significaret primarie quod utrumque istorum, demonstrando ut prius, sig-
265 nificat primarie ens quod est.

[193] Et si quaeritur unde causa quare una universalis sic significet
dispariter ab altera universali, cum utraque significet transitive pro
*B* et pro illa propositione 'Deus est', dicitur quod eo quia universalis
insolubilis significat dependenter et alia non. Universalis enim in-
270 solubilis importat in sua significatione oppositionem ipsius ad extrin-
secus quae est relatio pertinens, alia tamen non sic.

[194] Ex quo |**P** 68v| patet quod non sequitur 'Non utrumque isto-
rum primarie significat sicut est, et oppositum huius universalis primarie significat quod non utrumque istorum primarie significat sicut
275 est, ergo ipsum insolubile negativum sic significando est verum', sicut
non sequitur 'Non utrumque istorum significat primarie ens quod est,
et oppositum huius primarie significat quod non utrumque istorum
significat significatione quae est, ergo et cetera'. De propositione tamen
sic transitive primarie significante esset consequentia bona. Nec se-
280 quitur 'Haec propositio insolubilis "Utrumque istorum significat primarie sicut est", demonstrando utrobique eius oppositum et hanc propositionem "Deus est", est vera sic significando, et illa primarie significat quod utrumque istorum significat primarie sicut est, ergo ita est
quod utrumque |**V** 91r| istorum significat primarie sicut est'. Bene
285 tamen sequitur quod utrumque istorum significat primarie significatione quae est. Ad illum enim sensum verificatur illa propositio insolubilis. De alia tamen universali procederet argumentum, sed assumptum pro maiori quod sic significando esset vera esset falsum.

[195] Ista sunt dicta sumendo ly verum secundo modo. Si enim
sumeretur primo modo tunc ipsum affirmativum insolubile esset verum    290
significans primarie quod utrumque istorum est ens.

[196] Et notandum quod conformiter sicut respondetur ad hanc
negativam 'Non utrumque istorum significat primarie sicut est' in casu
superius posito, sic conformiter ad hanc respondendum in casu communi 'Non utrumque istorum dicit verum' quae sit dicta a Sorte, et     295
cetera. Ipsa enim insolubilis significat primarie quod non utrumque
istorum dicit ens quod est vel propositionem cuius primaria significatio
est, quod est falsum. Consimilis tamen propositio significat quod non
utrumque istorum dicit propositionem quae primarie significat |M
27rb| ens quod est. Ideo ipsa est vera. Et ista sufficiant de insolubili  300
universali affirmativo.


⟨*Capitulum septimum*⟩


[197] Consequens est videre de insolubili universali negativo cuiusmodi sunt talia in casu 'Nulla propositio quae non est pars propositionis est vera', 'Nulla propositio existens in B loco significat primarie
sicut est' et similia. Ponatur ergo quod Sortes dicat hanc propositionem    5
et nullam aliam 'Nulla propositio dicta a Sorte significat primarie sicut
est' quae primarie significet sic et primarie non significet aliter quam
sic. Casus enim ille est possibilis cum fiat locutio de principali dicere
utrobique, et certum est quod non ob hoc quod dico illam principaliter
et nullam aliam principaliter sequitur illam duobus modis significare    10
primarie. Igitur admisso casu quaeritur an Sortes dicit principaliter
propositionem quae primarie significat sicut est vel non. Si sic, et illa
primarie significat quod nulla propositio sit dicta a Sorte quae significat primarie sicut est, ergo ita est quod nulla propositio dicta a Sorte
significat primarie sicut est. Si non, et propositio dicta a Sorte primarie    15
significat quod nulla propositio dicta a Sorte significat primarie sicut
est, ergo illa sic significando est vera.

[198] Hic dicitur admittendo casum si fiat locutio de dicere principali. Et dicitur quod ita est quod nulla propositio ab ipso Sorte dicta
significat primarie sicut est. Et negatur consequentia ulterius facta,    20
sicut non sequitur 'Nulla propositio dicta a Sorte significat primarie

ens quod est, et ista propositio dicta a Sorte primarie significat quod
nulla propositio dicta a Sorte significat primarie significatione quae
est, ergo illa dicta a Sorte sic significando est vera'. Ipsa enim significat
25  negative pro se se non significare sicut est, ex quo falsificat se. Alia
tamen negativa quae non esset dicta a Sorte primarie significaret aliter
quod nulla propositio dicta a Sorte significat ens quod est, et sic esset
vera cum significaret dependenter sicut et alia propter relationem pertinentem importatam quae est dictio Sortis.
30    [199] Et conformiter respondetur ad alias propositiones adductas
pro exemplis. Prima enim, posito quod esset omnis propositio quae
non est pars propositionis, est falsa sic significando cum significaret
primarie |V 91v| ac si significaret quod nulla propositio huiusmodi
est ens si sumatur 'verum' primo modo, vel quod nulla huiusmodi pro-
35  positio significat significatione quae est si sumatur 'verum' secundo
modo.
   [200] Et secunda, posito quod B sit locus adaequatus illius proposi-
tionis, significat convertibiliter primarie quod nulla |P 69r| propositio
huiusmodi existens in B loco significat primarie significatione quae
40  est. Et sic patet quod falsificat se. Alia tamen cum ipsa consimilis sic
significando est vera. Sic ipsamet foret vera si esset extra B, cum tunc
significaret independenter, quia nulla propositio huiusmodi existens
in B loco significat primarie ens quod est. Et quia conformis responsio est adaptanda in insolubilibus negativis de quibus superius dictum
45  est, ideo de istis supersedeo et cetera.


⟨*Capitulum octavum*⟩

   [201] Sequitur de insolubili exclusivo pertractandum cuiusmodi sunt
talia 'Tantum Sortes dicit verum' 'Tantum Sortes dicit propositionem
quae primarie significat sicut est'. Ponatur ergo quod A sit haec ex-
5  clusiva vera 'Tantum animal est homo' et B ista 'Tantum A est exclusiva vera quae non est pars alterius exclusivae' quae propositiones
significent ut communiter termini |M 27va| praetendunt et non aliter
primarie, cum hoc quod non sint aliae exclusivae per se existentes,
secundum quod ly 'per se' excludit partialem inexistentiam. Quo posito
10  quaeritur an B sit huiusmodi exclusiva vera an non sic significando.

Si sic, ergo sicut illa primarie significat est, sed illa primarie significat
quod tantum $A$ est exclusiva vera, ergo ita est quod tantum $A$ est exclusiva vera et cetera, et per consequens $B$ non est exclusiva vera et
cetera, quod est oppositum dati.

[202] Si dicitur quod $B$ non est exclusiva vera, contra: sicut $B$     15
primarie significat est, ergo et cetera. Assumptum sic: $B$ primarie
significat quod tantum $A$ est exclusiva vera, et ita est quod tantum
$A$ est exclusiva vera, ergo et cetera. Minor probatur: $A$ est huiusmodi
exclusiva vera, et nihil aliud ab $A$ est huiusmodi exclusiva vera, ergo
tantum $A$ est exclusiva vera. Ista consequentia est formalis quia ar-     20
guitur ab exponentibus ad expositum et totum antecedens est verum,
ut patet, ergo et consequens.

[203] Item arguitur sic: $B$ est una exclusiva exponibilis cuius ambae exponentes sunt verae, ergo est huiusmodi exclusiva vera. Assumptum sic: istae propositiones sunt verae '$A$ est huiusmodi exclusiva vera'     25
et 'Nihil aliud ab $A$ est huiusmodi exclusiva vera', et istae sunt eius
exponentes, vel si non, dentur convenientiores. Prima videtur sua
praeiacens et secunda universalis debite pro eius exponente assignata.

[204] Item, illae sunt exponentes alicuius exclusivae et nullius nisi
$B$, ergo et cetera.     30

[205] Item, $A$ tantum esse exclusivam veram in casu illo est veritas
significata per aliquam exclusivam et per nullam nisi $B$, et cetera.

[206] Ad illud respondetur admittendo casum. Non enim valet negare casum. Conformis enim est difficultas in talibus: 'Tantum animal
est homo' quae sit $A$ et 'Tantum $A$ |$V$ 92r| est exclusiva vera per se     35
existens in $C$ loco' qui locus sit in quo sit nulla exclusiva per se existens praeter $A$ vel $B$, quod $B$ sit secunda exclusiva.

[207] Respondendo ergo concedetur quod $B$ est exclusiva falsa si
ly 'verum' ibi sumatur communiter pro vero primo modo vel secundo. Et quia argumenta procedunt ad sensum secundum quem ly     40
'verum' sumitur pro vero secundo modo ideo fiat taliter restrictio, sic
quod idem sit dicere 'Tantum $A$ est exclusiva vera' et 'Tantum $A$ est
exclusiva quae primarie significat sicut est'. Tunc dicitur quod $B$
falsificat se eo quod significat primarie convertibiliter quod tantum
$A$ est exclusiva vera quae primarie significat significatione quae est.     45
Et cum ipsamet significet significatione quae est, patet quod ratione
negationis inclusae in exclusiva significat ex consequenti se non significare significatione quae est. Et sic reducitur ad insolubile negativum.

[208] Ad primum ergo dicitur negando quod sicut $B$ primarie
significat est. Et negatur ultra argumentum factum. Bene tamen con-     50

ceditur minor. Nec sequitur e contra 'Non est ita sicut *B* primarie
significat, sed *B* primarie significat quod tantum *A* est exclusiva vera
per se existens et cetera, ergo ⟨non⟩* ita est quod tantum *A* est exclusiva vera', sicut patet talem capiendo minorem '*B* primarie significat
55 quod tantum *A* significat significatione quae est'.

[209] Ad secundum negatur quod propositiones praeassumptae sunt
exponentes ipsius. Istae tamen forent eius exponentes quia eius sensum verum extraponentes: *A* exclusiva significat primarie significatione quae est, et nulla alia exclusiva significat primarie significatione
60 quae est, |**P** 69v| ergo et cetera. Et tunc minor foret falsa. Et si
ponitur quod propositiones praeassumptae sunt eius exponentes, admittitur. Sed tunc convertuntur in significatione cum exponentibus
ultimo traditis.

[210] Ad tertium dicitur quod maior repugnat principali casui si
65 non ponitur ipsas esse exponentes illius exclusivae.

[211] Ad quartum dicitur quod illa veritas in casu isto non significatur primarie per aliquam exclusivam. Significatur tamen per *B*
quodammodo secundarie. Cuius causa est quia |**M** 27rb| *B* significat
reflectendo supra se ipsum primarie, quam reflexionem apprehendendo
70 iudicat intellectus ipsum falsificare se, et per consequens per discur-
sum quodammodo confuse per ipsum *B* intelligit quod est dare talem
veritatem independentem.

[212] Sed hic communiter quaeritur an illa veritas potest significari
primarie per aliquam exclusivam. Si dicitur quod sic, tunc sequitur
75 quod illa exclusiva sic significans est vera, eo quod ipsa veritas quam
ipsa primarie significat est, et sic aliud quam *A* est exclusiva vera,
quod repugnat dictis. Si non, habetur tunc quod aliqua est veritas com-
pleta quae non potest significari primarie per aliquam propositionem,
quod est impossibile cum tunc non super quodcumque intellegibile
80 posset intellectus ferri distincte.

[213] Sed huic dicitur quod sicut hoc significabile nullam propositionem esse potest significari primarie per hanc propositionem 'Nulla
proposito est' licet false et non vere, sic illa veritas potest significari
primarie per aliquam exclusivam |**V** 92v| false licet non vere.

85 [214] Et quantum ad exclusivas primo adductas dicitur quod prima
est falsa in communi casu, si ly 'verum' sumatur primo modo. Si
tamen sumatur secundo modo tunc convertitur cum secunda quae falsa
est cum significet primarie convertibiliter cum ista 'Tantum Sortes dicit
propositionem cuius primaria significatio est'. Alia tamen non dicta
90 a Sorte primarie significaret independenter quod tantum Sortes dicit

propositionem cuius primarium significatum est, et esset vera. Ad argumenta communia in eodem ex supradictis elici potest conveniens responsio.


⟨*Capitulum nonum*⟩

[215] Ulterius notandum quod omne insolubile exceptivum reduci potest ad exclusivum cum exclusiva et exceptiva bene assignatae convertuntur. Quid enim aliud est illa sententia 'Tantum Sortes dicit propositionem quae primarie significat sicut est' nisi quod nihil praeter      5
Sortem sic dicit? Ideo sicut haec exclusiva insolubilis in communi casu significat primarie convertibiliter quod tantum Sortes dicit ens vel quod tantum Sortes dicit propositionem cuius primaria significatio est, sic exceptiva in communi casu significat primarie convertibiliter quod nihil praeter Sortem dicit ens aut quod nihil praeter Sortem dicit proposi-      10
tionem cuius primaria significatio est. Ex quo patet quod falsae sunt. Propositiones tamen consimiles contingit esse veras significando primarie independenter quod tantum Sortes aut quod nihil praeter Sortem dicit propositionem cuius primarium significatum est. Ex quo patet quod proportionalis responsio exceptivae est adaptanda qualis suis ex-      15
clusivis convertibilibus assignatur. Ideo quia de exclusivis aliqualiter pertractatur de exceptivis sufficiant.

[216] Notandum tamen quod in omnibus casibus propositionum praedictarum restringuntur dicere et significare ad principaliter sic dicere aut significare. Et si quis instet quod istae propositiones de vir-      20
tute sermonis sunt impossibiles eo quod multa dicuntur et significantur confuse, tunc communicando cum tali protervo addendus est utrobique ille terminus 'principaliter', sicut in primo casu addidi ad exclusivam illum terminum 'per se existens'. Quod si dimissi in alia propositione pertinenti propter prolixitatem et taedium, subintellexi      25
tamen ipsum. Et sic communiter sit. Quibus terminis additis patet quod redit eadem difficultas, et cetera.

# ⟨Pars secunda: de insolubili hypothetico⟩

## ⟨Capitulum decimum⟩

[217] Pertractato de insolubili categorico restat de hypothetico aliqualiter pertractare. Primo de insolubili copulativo, secundo de insolubili disiunctivo, tertio de insolubili |**M** 28ra| rationali.

[218] Insolubilia ergo copulativa sunt ista 'Deus est et haec copulativa est falsa' demonstrando eandem, 'Deus est et nulla copulativa significat primarie sicut est' et similia. Ponatur quod ista copulativa significet primarie ut termini praetendunt et non aliter primarie 'Deus est et nulla copulativa est vera' cum hoc tamen quod nulla sit copulativa praeter hanc vel partem ipsius. Ad illum sensum communiter intellegitur secunda pars copulativae, puta quod nulla copulativa per se existens significat primarie sicut est.

[219] Quo posito quaero an haec copulativa significet primarie sicut est. Si sic, et |**P** 70r| ipsa primarie significat quod deus est et quod nulla copulativa est vera, ergo ita est quod nulla copulativa est vera. Patet consequentia cum ipsa copulativa non aliter primarie significat. Consequens tamen repugnat concesso. |**V** 93r| Nam si haec copulativa est vera tunc aliqua copulativa est vera.

[220] Si dicitur quod non sit vera tunc sequitur cum positis quod nulla copulativa est vera. Sed contra: prima pars huius copulativae est vera quia necessaria, et secunda est vera primarie significando, ergo et cetera. Minor sic: ipsa primarie significat quod nulla copulativa significat primarie sicut est, et ita est quod nulla copulativa significat primarie sicut est ut dicitur, ergo et cetera.

[221] Confirmatur. Nam sequitur: haec copulativa significat praecise sic, et sic est, ergo et cetera, demonstrando utrobique per ly 'sic' hoc significabile nullam copulativam significare sicut est.

[222] Ad hoc respondetur admittendo casum ad illum sensum limitatum subintellegendo in secunda parte hoc determinabile 'per se existens'. Non enim valet negare casum facta limitatione cum conformis difficultas redit addito tali determinabili. Ergo concedetur in casu posito quod nulla copulativa significat primarie sicut est sumendo ly 'verum' secundo modo, quia aliter significaret false secunda pars primarie convertibiliter quod nulla copulativa est ens. Et tunc non valet consequentia facta pro verificatione secundae partis propter diversitatem dependentiae et independentiae in praemissis et in conclusione,

ut patet capiendo talem minorem 'Ista pars primarie significat quod
nulla copulativa significat primarie significatione quae est'.

[223] Pro confirmatione tamen notandum quod secunda pars illius    40
non primarie significat hanc veritatem quae est nullam copulativam
significare primarie sicut est, sed primarie convertibiliter significat
nullam copulativam significare significatione quae est.

[224] Ex quo patet quod quaerendum est quod* ens demonstratur
per ly 'sic'. Si enim demonstratur in utraque illud significabile quod    45
ipsa primarie significat tunc minor est falsa. Et si demonstratur veritas
quae est tunc est maior falsa. Sed si diversimode demonstratur vel
universaliter in maiori et minori, non valet argumentum. Et sic idem
insolubile non significat veritatem copulativam quae est sed primarie
significat unum significabile conforme cum illa veritate.    50

[225] Quantum tamen est ad primum exemplum, patet quod illa
copulativa est vera secundo modo et falsa tertio modo si ly 'falsum'
in ipsa sumatur pro falso communiter secundo modo et tertio. Si tamen
ly 'falsum' sumitur secundo modo ita quod secunda pars illius copulativae significet convertibiliter cum ista 'Haec copulativa significat    55
primarie sicut non est', tunc dicitur quod illa falsificat se eo quod
significat se significare significatione quae non est propter reciprocationem inclusam in secunda parte.

[226] Secundum tamen exemplum convertitur cum insolubili si in
ipso sumitur ly 'verum' secundo modo ut ponitur superius.    60

⟨*Capitulum undecimum*⟩

[227] Insolubilia disiunctiva sunt talia 'Tu es asinus vel ista disiunctiva
est falsa' 'Tu es asinus vel nulla disiunctiva est vera' 'Aliqua differunt
quae non differunt vel *B* est verum'. Et sumatur 'verum' secundo
modo. Ponatur ergo quod *B* sit haec disiunctiva 'Tu es asinus vel haec    5
disiunctiva est impossibilis' quae sic significando eandem demonstrando
significet |**M** 28rb| primarie ut termini communiter praetendunt et
non aliter primarie. Et tunc quaero an sit impossibilis vel non. Si sit
impossibilis, et prima pars est impossibilis, ergo et secunda. Tunc
ultra: secunda pars huius disiunctivae est impossibilis, ergo sicut illa    10
primarie significat non potest esse, sed illa primarie significat quod

illa disiunctiva est impossibilis, ergo non potest esse quod ipsa sit impossibilis |**V** 93v| sic significando quod est oppositum concessi.

[228] Item, ista disiunctiva est impossibilis sic significando ut con-
15 ceditur, et secunda pars primarie significat quod illa disiunctiva est impossibilis, ergo illa secunda pars sic significando est vera, et per consequens tota disiunctiva est vera.

[229] Item facio tibi hanc consequentiam: ista disiunctiva est impossibilis demonstrando illud insolubile, ergo tu es asinus vel ista dis-
20 iunctiva est impossibilis. Patet consequentia a parte disiunctivae ad totam disiunctivam, et totum antecedens est verum ut dicitur, ergo consequens. Et consequens est ista disiunctiva, ergo ipsa est vera.

[230] Si dicitur quod non est impossibilis, tunc ponatur ipsa. Et sequitur cum prima pars sit impossibilis quod secunda sit vera, et ipsa
25 primarie significat quod ista disiunctiva est impossibilis, ergo ita est quod ista disiunctiva est impossibilis, quod repugnat dictis.

[231] Item ista est impossibilis tertio modo eo quod modo suo significandi quo ipsa significat primarie non potest correspondere primarium significatum independens, ergo est impossibilis.

30 [232] Hic dicitur admittendo casum. Et tunc dicitur quod est impossibilis tertio et vera secundo modo. Et tunc argumentum tale non valet 'Haec disiunctiva est impossibilis, ergo sicut illa primarie significat non potest esse'. Sed sufficit quod suo modo significandi primario quo ipsa significat non possit correspondere significatum |**P** 70v| in-
35 dependens, quod est verum. Bene tamen sequeretur si ipsa esset impossibilis secundo modo, quod non est verum.

[233] Si tamen fiat restrictio ad impossibile secundo modo ita quod idem sit dicere 'Haec disiunctiva est impossibilis' et 'Haec disiunctiva significat primarie sicut non potest esse', et redeunt argumenta, tunc
40 dicitur quod ipsa cum significet reciproce significat se significare significatione quae non potest esse. Ex quo patet quod falsificat se.

[234] Conceditur ergo quod sicut illa primarie significat non potest esse. Et non sequitur ulterius argumentum factum, sicut non sequitur 'Sicut haec disiunctiva significat primarie non potest esse, et ipsa
45 primarie significat significatione quae non potest esse, ergo non potest esse ita quod haec disiunctiva significat primarie ens quod non potest esse sic significando'.

[235] Ad secundum dicitur negando consequentiam, sicut non sequitur 'Ista disiunctiva significat primarie ens quod non potest esse,
50 et secunda pars eiusdem primarie significat quod tota disiunctiva significat primarie significatione quae non potest esse, ergo ipsa se-

cunda pars disiunctivae sic significando est vera'. De propositione
tamen altera consimili cum illa secunda parte tenet consequentia.

[236] Ad tertium dicitur concedendo consequentiam et consequens,
scilicet quod ego sum asinus vel ista disiunctiva est impossibilis demon-   55
strando istam disiunctivam insolubilem. Et quando dicitur quod consequens est ista disiunctiva negatur illud.

[237] Notandum tamen quod una talis categorica 'Haec disiunctiva
est impossibilis', demonstrando B, consimilis cum secunda parte illius B, esset vera secundo modo significans independenter quod haec   60
disiunctiva B significat primarie ens quod non potest esse. Sed secunda pars ipsius disiunctivae esset falsa significando primarie convertibiliter ut praedicitur quod haec disiunctiva significat primarie significatione quae non potest esse.

[238] Ideo in consequentia praedicta potest quaeri an concluditur   65
disiunctiva quae est insolubilis, ita quod per ly 'ista' demonstraretur
ipsamet disiunctiva |V 94r| quae est consequens et non alia vel con-
cluditur una disiunctiva consimilis cuius secunda pars significet transitive pro alia disiunctiva. Si primo modo, tunc patet quod argumentum factum non valet nec argueretur tunc a parte disiunctivae ad   70
totam disiunctivam. Cuius |M 28va| causa est eo quod antecedens
esset una categorica significans transitive et independenter pro illa
disiunctiva, et in consequente pars consimilis cum antecedente significat dependenter pro eadem. Bene converteretur cum ista consequentia
'Haec disiunctiva', demonstrando B, 'primarie significat ens quod non   75
potest esse, ergo tu es asinus vel haec disiunctiva eadem demonstrata
significat primarie significatione quae non potest esse'. Patet enim quod
consequentia non habet colorem.

[239] Si secundo modo concluditur, tunc consequens est verum, nec
est ipsum consequens ipsa disiunctiva insolubilis sed una disiunctiva   80
consimilis vera pro disiunctiva insolubili.

[240] Et si ponatur quod nulla sit disiunctiva praeter B vel partem
ipsius, tunc dicitur quod repugnat casui talem aliquam consequentiam esse.

[241] Unde conforme argumentum fere contingit fieri in quolibet   85
insolubili disiunctivo, ut sic arguendo 'Ista disiunctiva est falsa, ergo
tu es asinus vel ista disiunctiva est falsa' demonstrando istam disiunctivam insolubilem, quae est insolubilis posito quod per secundam
partem demonstraretur tota disiunctiva cuius est pars et quod illa disiunctiva significet sic primarie et non aliter primarie.   90

[242] Sed notandum quod si ly 'falsum' sumatur pro falso secundo

modo vel tertio communiter, tunc ipsa disiunctiva est falsa tertio modo
et vera secundo modo. Sed si restringitur ad falsum secundo modo,
ita quod idem sit dicere 'Ista disiunctiva est falsa' et 'Ista disiunctiva
95 significat primarie sicut non est', tunc dicitur quod disiunctiva talis
esset falsa secundo modo et tertio sic significando cum secunda pars
illius primarie convertibiliter significat propter reciprocationem ipsammet disiunctivam significare primarie significatione quae non est. Una
tamen consimilis esset vera secundo modo et tertio conformiter signi-
100 ficando.

[243] Secunda tamen disiunctiva in principio pro exemplo adduc-
ta, si sit insolubilis significat primarie ratione secundae partis quod
tu es asinus vel quod nulla disiunctiva est ens si ly 'verum' in ipsa
sumatur primo modo. Si tamen sumeretur secundo modo adhuc secun-
105 da pars illius disiunctivae sic significando esset falsa cum significaret
primarie convertibiliter nullam disiunctivam significare significatione
quae est. Et sic ipsa disiunctiva in utroque sensu foret falsa.

[244] Nec sequeretur 'Ita est quod nulla disiunctiva est sic vera, et
secunda pars illius disiunctivae primarie significat quod nulla disiunc-
110 tiva est sic vera, ergo ipsa secunda pars est vera'. De universali tamen
negativa quae non esset pars alicuius disiunctivae sed esset consimilis
cum secunda parte illius disiunctivae esset consequentia bona, cum
illa significaret independenter. Sed pars illa cum demonstraret |P 71r|
se ipsam confuse, eo quod principaliter ipsa demonstratur, tota dis-
115 iunctiva cuius est pars significat propter dependentiam quodammodo
reciproce.

[245] Et si arguitur sic 'Nulla disiunctiva est sic vera, ergo tu es asinus
vel nulla disiunctiva est sic vera; totum antecedens est verum, ergo
consequens, quod claudit contradictionem facta limitatione veri', |V
120 94v| dicitur concedendo consequentiam et negando ipsam esse bonam
sic significando. Repugnat enim casui aliquam huiusmodi consequentiam esse sic significando eo quod disiunctiva illa non sit insolubilis
nisi fuerit ita quod ipsa sit omnis disiunctiva per se existens, supple
quod nulla disiunctiva sit vera secundo modo. Ad istum enim sensum
125 intellego secundam ipsius partem.

[246] Notandum tamen quod stat cum casu quod aliqua sit talis consequentia 'Nulla disiunctiva est vera, ergo tu es asinus vel nulla disiunctiva est vera' in qua consequentia disiunctiva insolubilis sit consequens et non alia. Illud enim ut praedicitur repugnat casui. Rei
130 veritas tamen est quod aliqua talis consequentia est. Ideo est concedenda consequentia ut praedicitur. Sed negandum est illam esse tam-

quam repugnans. Ad istum sensum respondetur prius.

[247] Si tamen in casu isto foret talis consequentia cuius consequens foret insolubile tunc patet quod argumentum non valeret. Nec arguere- tur a parte disiunctivae ad suam disiunctivam, sicut nec in suo con- 135 vertibili. Non enim sequitur |**M** 28vb| 'Nulla disiunctiva primarie significat ens quod est, ergo tu es asinus vel nulla disiunctiva significat primarie significatione quae est'. Et patet responsio.

[248] Ad tertiam tamen propositionem pro exemplo adductam di- citur quod sicut haec indefinita 'Oppositum huius primarie significat 140 sicut est' demonstrando eandem indefinitam significat primarie con- vertibiliter quod oppositum ipsius significat significatione quae est, sic secunda pars huius disiunctivae praeacceptae primarie convertibi- liter significat quod oppositum eiusdem disiunctivae significat primarie significatione quae est. Alia tamen disiunctiva sibi synonyma con- 145 similiter significando esset falsa significando primarie independenter quod oppositum huius disiunctivae significaret primarie ens quod est. Quod notum est esse falsum cum oportet quod oppositum huius dis- iunctivae sit negativa negans reciproce se significare sic significando significatione quae est. Et causa quare sic dispariter significarent est 150 propter dependentiam per oppositionem in una limitatam et indepen- dentiam significationis alterius. Et sic iuxta hanc viam negativa esset falsa et disiunctiva esset vera. Propositiones tamen consimiles sic significando opposito modo se haberent cum propositio synonyma illi disiunctivae esset falsa sic significando et propositio synonyma cum 155 opposito eiusdem disiunctivae esset vera.

[249] Unde oppositum huius disiunctivae erit una categorica falsa, haec videlicet 'Non est ita quod tu es asinus vel quod oppositum huius disiunctivae significat primarie sicut est'. Hypotheticae enim contradicit categorica ut hic supponitur, cum ad contradictionem propositionum 160 requiritur oppositio actuum principalium. Ideo cum actus huius hypo- theticae sit affirmativus oportet quod in eius opposito sit negativus. Et responsio ista est tenenda iuxta viam quae ponit contradictoria in- solubilium esse danda in terminis.

[250] Secundum tamen aliam viam ponentem generaliter contradic- 165 toria insolubilium per negationem praepositam toti esset disiunctiva insolubilis praedicta falsa reducibilis ad insolubile negativum, et nega- tiva sibi contradicens esset vera et reducibilis ad affirmativam. Cuius causa est: nam ex eo quod disiunctiva illa significat suum oppositum opposite significando esse verum significat sic significando se esse 170 falsum et e contra de opposito disiunctivae. Et quia conformis respon-

sio in talibus est adaptanda qualis in categoricis similibus |**V** 95r| doc-
tum est superius esse ponendum, ideo de istis sufficiunt.

⟨*Capitulum duodecimum*⟩

[251] Pro materia insolubilis rationalis, quod est idem quod consequentia, suppono quod consequentia sit bona quando antecedentis
primarium significatum non potest esse sine illo quod primarie signi-
5 ficatur per suum consequens, et quod consequentia non valeat quando antecedentis primarium significatum potest esse sine illo quod
primarie significatur per consequens. Ex quo patet quod omnis consequentia bona significat primarie necessitatem conditionalem, et quando consequentia non significat huiusmodi necessitatem conditionalem
10 tunc dicitur non valere.

[252] Quo supposito facio tibi hanc consequentiam 'Ista consequentia
est bona, ergo tu es asinus' eandem demonstrando. Et quaero an sit
bona vel non. Si non, et antecedens illius consequentiae primarie
significat ipsam esse bonam, sequitur quod ipsum antecedens est fal-
15 sum et impossibile eo quod hanc consequentiam significat esse bonam
et illud nec erit nec potest esse sic significando verum, ergo et cetera.
Si dicitur quod est bona, et antecedens est verum, ergo consequens.
Patet consequentia cum ex vero nihil sequitur nisi verum. Quod
antecedens sit verum, probatur. Nam haec consequentia est bona per
20 concessum, et ipsum antecedens primarie sic significat, ergo illud
antecedens sic significando est verum.

[253] Hic dicitur quod illa consequentia est bona quia ens. Et sic
tunc antecedens illius est verum et consequens impossibile. Et si
quaeratur an haec consequentia sit bona tertio modo, dicitur quod non
25 sic significando. Est tamen possibile quod ipsa sit vera tertio modo,
ut posito quod significet deum esse vel aliquod tale aliter significando. Ideo haec consequentia non valet 'Haec consequentia est bona
secundo modo vel tertio modo, ergo tu es asinus', cum antecedens sit
possibile et consequens impossibile.

30 [254] Sed si ultimo fiat haec consequentia 'Haec consequentia est
bona secundo modo sic significando, ergo tu es asinus', dicitur negando
consequentiam. Antecedens |**P** 71v| enim est verum et consequens

falsum. Quod antecedens est verum sic significando patet eo quod in
talibus significantibus reciproce idem est dicere 'Ista consequentia est
bona secundo modo' et 'Ista consequentia significat primarie significa-      35
tione quae est'. Consequentia ergo facta propter reciprocationem
significationis antecedentis convertitur cum hac consequentia 'Haec
consequentia significat primarie significatione quae est, ergo tu es
asinus' eandem consequentiam demonstrando.

[255] Ex quo patet quod antecedens illius consequentiae est verum.      40
Una tamen alia propositio consimilis in terminis cum antecedente esset
falsa significans independenter quod haec consequentia significat
primarie ens quod est, quod notum est esse falsum. Et sic consequentia illa sic significando esset falsa. Una tamen alia quae esset consimilis
esset vera cum antecedens illius significaret transitive impossibiliter      45
pro consequentia insolubili.

[256] Et per hoc patet quod argumentum praefatum non procedit.
Non enim sequitur 'Hoc antecedens huius consequentiae sic significando est verum, et ipsum primarie significat quod ipsa consequentia
est bona, ergo ita est quod illa consequentia est vera et bona', restrin-      50
gendo bonitatem ad bonitatem secundo modo, ut patet capiendo talem
minorem 'Hoc antecedens significat primarie quod tota haec consequentia significat primarie significatione quae est'. Ideo bene sequitur
ex praemissis quod ipsa consequentia significat significatione quae est.
Nec sequitur 'haec consequentia non est bona secundo modo, et ante-      55
cedens eiusdem consequentiae significat primarie quod ipsa consequentia est bona secundo modo, ergo ipsum antecedens sic significando est falsum'.

[257] Et conformis responsio est adaptanda huic conditionali 'Si ista
conditionalis est vera vel significat primarie sicut est, tu es asinus'.      60
Ipsa enim convertitur cum insolubili rationali praedicto facta limitatione veri et cetera.

## ⟨*Capitulum tredecimum*⟩

[258] |**V** 95v| Iam ultimo restat videre de quibusdam casibus quae insolubilia communiter appellantur quae tamen secundum veritatem non sunt insolubilia sed potius obligationes, quaedam ut 'Si bene bibes,
5 bene dormies'. Bibitio enim est conditio et dormitio effectus consequens istam bibitionem. Et sic de aliis, ut sunt illae in quibus ponitur conditio pro effectu consequendo. Et additur casus de supposito quoad denominationem dependentem ex conditione vel effectu futuro, cuiusmodi sunt tales: Si quis dixerit verum pertransibit *A* pontem et aliter
10 non, et quod Sortes solum dicat quod ipse non pertransibit *A* pontem; et quod Titius dominus ordinet de Sorte et Platone duobus servis suis quod si prius cui Sortes obviaverit fuerit servus tunc Sortes erit liber et aliter non, et e contra de Platone si prius cui ipse obviaverit fuerit liber ipse erit liber et aliter non, et obviant isti primo sibi in *B* instan-
15 ti; quod quicumque negaverit se esse redargutum sit redargutus; et similia, et cetera.

[259] Igitur pono tibi istum casum 'Tu es asinus vel omne tibi positum significat primarie sicut non potest esse'. Quod ille casus sit possibilis satis patet. Nam in casu quod nihil tibi ponatur nisi haec
20 propositio 'Homo est asinus' tunc omne tibi positum est impossibile et significat primarie sicut non potest esse, et per consequens disiunctiva est vera. Et sic illa non tantum est possibilis in casu sed est vera sic significando. Admisso ergo casu arguitur sic: tu es asinus vel omne tibi positum significat primarie sicut non potest esse, sed tu non es
25 asinus, ergo omne tibi positum est impossibile, et cum haec disiunctiva sit tibi posita sequitur quod ipsa significat primarie tibi sicut non potest esse, quod est falsum cum illa disiunctiva sit possibilis sic significando.

[260] Sed hinc dicitur admittendo casum loquendo de principali
30 posito et non confuso, et non conceditur quod omne mihi positum principaliter est impossibile. Unde sicut posito mihi quod non essem aut quod non essem obligatus, negandum esset tamquam repugnans quod ego sim obligatus, licet opponens dicat mihi me esse obligatum, sic conformiter in casu isto repugnat quod aliquod verum vel possibile
35 mihi ponatur non obstante quod opponens affirmet hanc disiunctivam esse mihi positam. Ideo negatur quod haec disiunctiva est mihi posita. Hoc enim esset contradictio quod omne mihi positum esset impossibile secundo modo et ista disiunctiva esset mihi posita sic significando nisi ipsa esset impossibilis sic significando.

[261] Et quantum ad casum de pertransitione pontis dicitur quod 40
est impossibilis cum conditionalis illa sit impossibilis. Sed si dimittatur
conditionalis et capiatur una universalis conformis ut sic dicendo
'Quicumque pertransiens hodie per hanc viam et dicens propositionem
veram tertio modo pertransibit *A* pontem et solum talis, et quod Sortes
hodie pertransibit hanc viam dicens solum primarie quod ipse non per- 45
transibit *A* pontem', adhuc dicitur quod casus iste est impossibilis sic
significando. Unde licet utraque |**P** 72r| pars per se sit possibilis ac
tamen partes eius simul sumptae sunt incompossibiles.

[262] Et si dicitur quod tyrannus potest ordinare vel propalare talem
universalem |**V** 96r| pro ordinatione, conceditur. Sed non ex hoc quod 50
ipse sic ordinat sequitur istam universalem esse veram. Immo si Sortes
casualiter veniat et dicat ut superius ponitur, non foret universalis illa
ordinata sed potius deordinata falsa. Ideo si universalis fuerit vera
repugnat aliam partem sic esse veram, et si Sortes veniat et dicat ut
ante ponitur tunc sic significando repugnat illam universalem esse 55
veram. Unde si opponens dicat quod partes illae non repugnant, tunc
retorquendo argumentum contra ipsum ex propriis dictis devincetur.
Et ista cautela utebar contra illos qui voluerunt mihi credere quod
casus propositus esset impossibilis retorquendo argumenta propria in
caput proprium. 60

[263] Ex istis patet responsio quaedam ad secundum. Nam sicut
haec conditionalis 'Si quis dixerit verum et cetera' est impossibilis, sic
haec conditio est impossibilis 'Si primus cui Sortes obviaverit fuerit
servus tunc Sortes erit liber et aliter non, et e contra de Platone, quod
si primus cui ille obviaverit fuerit liber Plato erit liber et aliter non, 65
et obvient sibi ipsis in *B* instanti'. Quod enim conditio illa sit impossibilis patet redigendo illam in argumentum.

[264] Etiam ex casu illo sequitur contradictio. Si enim in *B* instanti
cum istis paribus Sortes fuerit liber tunc obviat servo, et per consequens Plato est servus. Et sequitur ultra: cum Sortes sit liber per 70
datum et Plato obviat sibi sequitur quod Plato est liber eo quod conditio sua impleretur.

[265] Et si quaeratur quid fieret Titio secundum legem manu mit-
tenti istos sub hac conditione impossibili et residuo de obviatione con-
tingenti ut positum fuerat, dicitur quod secundum ius numanum ra- 75
tionale videtur quod uterque fiat liber eo quod iura favent libertati,
ac etiam quia domino deficiet probatio ad detinendum eos in servitute
cum domino affirmante quod pro *B* instanti obviae alter fuerit servus, redargueretur ex propria confessione ostendenti ex hoc quod uter-

80 que est liber. Quaecumque ergo pars probaverit suam partem, illa
eadem inducet oppositum.

[266] Ad tertium dicitur admittendo casum quod quicumque negaverit se esse $A$ sit $A$ et cetera. Et tunc ad argumentum tale communiter
factum 'Quicumque negat se esse $A$ est $A$, sed tu negas te esse $A$, ergo
85 tu es $A$', conceditur consequentia et negatur antecedens pro illa copulativa. Et conceditur maior quia casus et negatur minor tamquam
repugnans. Et ita in consimilibus est respondendum. Et patet quomodo
isti casus potius obligationes quam insolubilia deberent dici.

[267] Aliquae tamen sunt propositiones quae de vi termini sunt in-
90 solubiles quia infrigibiles quia nullus potest eas falsificare, ut certum
est quod capta ista negativa 'Ego non diligo actualiter deum' quae forte
est vera vel 'Non cogito de eo', quae praecipiatur mihi sub poena pec-
cati mortalis, non potest solvi. Quod sic probatur: haec negativa non
potest solvi nisi faciendo affirmationem negationi oppositam quae af-
95 firmatio est diligere deum, sed impossibile est me simul diligere deum
actualiter et contravenire |V 96v| praecepto divino, ergo sequitur quod
faciendo hanc affirmationem non contravenio praecepto divino, sed
cum ista negativa sit praeceptum divinum patet quod faciendo eius
oppositum non solvis illud praeceptum.

100 [268] Confirmatur: nam faciendo eius oppositum non peccarem mortaliter, eo quod diligerem deum et claudit contradictionem 'Diligendo
deum peccarem mortaliter', sed solvendo illam negativam peccarem
mortaliter quia contravenirem praecepto divino, ergo sequitur quod
faciendo oppositum eius |P 72v| non solverem illam, nec faciendo il-
105 lam negationem solveretur ipsa, ergo sequitur quod nullo modo potest
solvi.

[269] Et conformiter respondetur ad talia praecepta negativa 'Non
diliges deum ultra gradum ut quattuor' 'Non incipias peccare non incipiendo per positionem de praesenti'. Non enim valet negare casum
110 quia forsan verum est quod non diliges nec diligis ipsum ultra illum
gradum. Quae ergo ratio quod deus non potest tibi illud praecipere?

[270] Quod primum praeceptum non potest solvi potest probari
modo quo probatum est aliud non posse solvi. Ipsum enim non possum
infringere nisi diligendo deum ultra gradum ut quattuor, et certum
115 est quod non peccarem sic faciendo, nec per consequens infringerem
illud praeceptum divinum.

[271] Et quod secundum non potest infringi probatur: nam si infringis illud quaero an incipis peccare per positionem vel remotionem.
Si per positionem tunc falsum est quod incipis peccare non incipiendo

per positionem, ut patet. Sed negativa huic affirmativae opposita 120
est praeceptum, illud negativum ergo sequitur quod nondum infringis.
Immo imples illud. Si dicatur quod incipio peccare per remotionem
tunc sequitur quod iam non peccas, et per consequens non contra-
venis alicui praecepto.

[272] Patet ergo quod istae tres negativae de virtute termini sunt 125
insolubiles. Et licet de virtute termini sunt insolubiles, sunt tamen
valde solubiles sicut omne insolubile affirmativum vel negativum iuxta hanc viam est valde solubile. Solutio tamen ipsorum magnum ex-
ercitium pro clarificatione intellectus requirit.

[273] Et tanta de summa insolubilium subtillissimi magistri Johan- 130
nis Wycleffe sufficiant. Ipsi ergo deo qui intellectum hominis ut sibi
placet illuminat pro isto opusculo et quovis alio sit honor et gloria per
cuncta saecula saeculorum. Amen, et cetera.

# Appendix A

## *Parallel Passages*

The list below tabulates parallel passages between the *Summa insolubilium* and the *Logicae continuatio*. Numerals in square brackets refer to paragraph numbers in the edition above. Other references are to the *Logicae continuatio*, in Dziewicki, ed., *Tractatus de logica*, by volume, page, and line.

[2] II.203.9–12. Virtually verbatim. Compare also I.76.9–12.

[3] II.203.24–36. Closely parallel but not verbatim.

[4] II.195.14–196.19. Only a general correlation.

**Note:** Whereas *SI* has three preliminary assumptions in para. [2]–[4], *LC* has *four* preliminary assumptions in the corresponding passage. The first, at II.203.9–12, matches *SI* [2], as noted above. The second, at II.203.13–23, has no parallel in these opening paragraphs of *SI*, but rather corresponds loosely to the much more extended treatment of contradiction and conversion in the whole of *SI* Book II (para. 43–80). The third assumption in *LC*, at II.203.24–36, matches *SI* [3], as noted above. The fourth assumption, at II.203.27–205.34, has no parallel in *SI*'s list of assumptions in para. [2]–[4], but matches the threefold division of truth and falsehood in *SI* [10]–[14]. *SI*'s third assumption, in para. [4], is not found in *LC*'s list, but corresponds loosely to an earlier passage, as noted above. In both places, Wyclif is rejecting the view of the so called *"restringentes"*, who deny the possibility of self-reference.[1]

[6] Compare II.197.8–19, where Wyclif is raising objections against Heytesbury's view[2] rather than, as here in *SI* [6], against the *restringentes*. But note the phrases 'caret ratione' and 'me (te) invito' in both passages. Also, the general outline of the argument is the same in the two passages.

For the link between the view of the *restringentes* and the notion that *insolubilia* signify "exceptively", see II.195.16.

[7] Compare the argument for the same point in I.196.4–8. There the argument is only alluded to. Here in *SI* [7] it is filled out, although the example is changed.

[10] For the fact that there *are* three modes of truth: II.204.2–3.

[11] For the first mode: II.204.3–26. See also II.4.16–34. For the second mode: II.204.27–205.9 (a more detailed discussion); some examples are the same.

[12] For the third mode: II.205.10–18 (a more elaborate presentation).

[13] II.204.20–26. See also perhaps II.4.17–39 (a very loose parallel).

[14] II.205.6–9. Also perhaps II.4.39–5.20

[15] II.205.26–31

[23] II.205.32–34.

[24] II.205.31–32.

[33] See II.195.15–16, for the phrase 'quodlibet insolubile significare exceptive'. For 'cogar elicere novum actum', see II.197.9–10, where the phrase occurs in the context of a different theory.

[36] I.178.36–39, and I.180.26–28.[3]

[37]–[38] See I.77.33–78.4, although the analysis is far more detailed here in para. 37–38.

[43] II.216.26–33.

[44] II.216.35–217.3.

[46] II.217.4–6.

[47] II.216.33–35.

[48] II.217.9–13.

[49] II.217.27–34. The example is different, but the thought is the same. For the point about eternal truth: II.219.28–30, where again the example is somewhat different.

[50] II.218.34–41. See also II.217.14–19.

[81]–[84] II.206.6–15.

[85]–[96] On restriction to the second sense: II.216.3–13 (a loose parallel). With the beginning of para. [95], compare II.206.15–16.

[97]–[109] II.220.3–12.[4]

[110] For the 'credulitas'-example, see II.220.12–26.

[148] II.216.14–19.

[159] the second example: II.209.24–215.29.

[169] at the end: II.195.14–196.19.

[178]–[182] For the attack on the *restringentes,* compare II.195.14–196.19. With para. [181]–[182] on exceptive supposition: II.195.16.

[215] I.149.27–150.6.

[252]–[257] Compare the entire discussion of *insolubilia* in *LC* from II.193.33 to the end of volume II. That discussion occurs in the context of a chapter on conditional sentences.

[258] II.220.28–221.7.

[261] II.220.36–37.

[263]–[264] II.220.36–37.

[266] II.220.38–222.6.

[267] II.222.7–224.13.

[269] With the 'gradus'-example, compare II.223.33–34 & 35–37. With the 'incipit'-example, compare II.223.34–35 and II.223.38–224.5.

[270] the reply to the second example: II.223.38–224.5.

[272] II.224.3–5.


## Notes to Appendix A

1. See Spade, *The Mediaeval Liar*, index under 'restringentes'.
2. See Spade, *William Heytesbury*.
3. See Appendix B, under Book I, Ch. 2, para. 36, line 139, 'significati'.
4. See Appendix B, under Book III, Ch. 2, para. 104, line 52, 'formidine opposita', for a discussion of a possible doctrinal conflict between para. 104 and *LC*.

# Appendix B

## *Comments*

The comments below pertain to words or phrases marked with an asterisk (*) in the edition and apparatus above. (An 'n' indicates that the asterisk is attached to a note in the apparatus.)

**Prologue, para. 1, line 3 n. 'natura' & line 4 n. 'Metaphysicae':** Our reading at 'natura' in line 3 conforms to the *translatio composita*.[1] The *translatio Iacobi* has 'Omnes homines scire desiderant natura'.[2] On the use of the *translatio composita* by Moerbeke and others, see Vuillemin-Diem's introduction to the edition of the *translatio anonyma*, especially pp. xiii–xvi. On the other hand, Hamesse, p. 115, has 'naturaliter' and agrees with **P**.

**Prologue, para. 6, line 50 n. 'animal':** **P** and **V** have the better reading here. The point of the paragraph is to argue that there is nothing problematic about allowing *A* to supposit for itself if the sentence *B* exists, and that therefore there should be nothing problematic about allowing *A* to supposit for itself when *B* has been destroyed. This strategy, however, depends on *B*'s being a true sentence (following **P** and **V**), not a false one (following **M** and **W**). For in no case can the sentence *A* be true; since it says that every sentence is false, if it were true it would be also false, which is impossible. Hence *A* can only be false. But it can only be non-problematically false, as the argument in this paragraph requires, if there is some other sentence that is true. Sentence *B* is supposed to play that role.

**Prologue, para. 7, line 60 'convertuntur':** Understand the implicit condition 'si pars non potest supponere pro toto cuius est pars'. The argument in this paragraph is in effect an argument by *reductio* for the third assumption (para. 4).

**Book I, Ch. 1, line 5 'inesse':** **P** and **V** might be read either as 'inesse' or as 'in esse'. **M** and **W** clearly have two words: 'in esse'. 'Inesse' is probably to be preferred here, although the sentence is very clumsy in either case. With 'inesse' (i.e., "inhering") taken as a genitive, the sentence refers to the denominating of the inhering of the true, the false, etc., in sentences ('propositionum' — another genitive). On this reading, the sense and syntax are both quite strained, but both can be construed without emending the text. On the other hand, if 'in esse' is read then the sentence refers to the denominating of sentences in [i.e., with respect to their being] true, false, etc. The sense is much smoother but unfortunately would require feminine nominative plurals, 'verae', 'falsae', etc., not the masculine or neuter genitive singulars that the MSS have. On either reading, why is 'quovis consimili modo', in the next line, in the ablative, whereas all the previous "modes" were not?

**Book I, Ch. 2, para. 26, lines 23-24 'via communis'**: It is doubtful whether Wyclif is referring to anyone in particular here. More probably, he is referring not to any one *solution* to the *insolubilia* but rather to the "common" way of stating them or setting them up. No author earlier than Wyclif is known to have explicitly listed the three general conditions in para. 25 as especially important, although many authors in fact built those conditions into their descriptions of individual cases.[3]

**Book I, Ch. 2, para. 30, line 72 n. 'proveniens'**: Wyclif reverses the 'cum' and the 'ex' of Bradwardine's text.

**Book I, Ch. 2, para. 31, line 80 'glossa communis'**: The reference is obscure, but perhaps Wyclif has in mind the following passage from Bradwardine's *Insolubilia*[4] : "Nec oportet apponere 'vel supra suum oppositum' ut plures definiunt." Bradwardine goes on immediately to give the reason[5]: "quia nullum insolubile provenit ex reflexione alicuius actus supra suum oppositum, ut posterius apparebit." The reference forward is fulfilled in the following passage:

> Ex praedictis patet error illorum qui dixerunt aliquod insolubile provenire ex reflexione alicuius actus supra suum oppositum. Quia si esset ut dicunt, hoc esset quia pars non posset supponere pro opposito sui totius. Sed haec causa nulla est, quia pars potest supponere pro opposito sui totius, sicut capitulo tertio satis patet.[6]

If this identification of the "glossa communis" is correct, then Wyclif is denying with Bradwardine that the phrase 'vel supra suum oppositum' must be added to the definition quoted in para. 30. But Wyclif's reason is different from Bradwardine's. For Bradwardine, no insoluble can arise "ex reflexione alicuius actus supra suum oppositum". But Wyclif's paragraphs 73-75 and 77, below, show that for him insolubles can indeed arise from "reflecting on their opposite". Nevertheless, Wyclif thinks that if an insoluble does arise from reflecting on its opposite, then it contains itself or its accident (i.e., its signification) in its own primary significate (it contains it "ex consequenti", as he says in para. 74), and so already is included under the definition as originally given in para. 30. The extra "glossa" is simply not needed. It is not wrong but only superfluous; as he says in para. 31, it is "non ad propositum".

**Book I, Ch. 2, para. 36, line 139 'significati'**: *LC*, I, p. 178.36–39 & p. 180.26–28 (and indeed the whole of *LC*, I, Ch. 13, pp. 176–90) deny that one can know and doubt the same sentence at the same time. But the qualifications contained in the words 'sed . . . significati' suggest that there is no real conflict of doctrine here.

**Book II, para. 46, line 36 'significatio'**: Para. 43–46 are crucial to understanding much of Book II, and indeed much of the treatise. Yet the argument in these paragraphs is not at all clear. For the self-referential sentences 'Haec propositio significat' and 'Haec propositio est' in para. 43, it is fairly easy to see how if they exist as sentences at all then they signify, and conversely, and how if they exist and signify then they are true, and conversely. But for the self-referential sentence 'Haec propositio est vera' (or 'Haec propositio significat primarie sicut est') in para. 43, these equivalences are not at all obvious. Just as the Liar sentence 'This sentence is false' has the contradictory truth-condition that it is true if and only if it is false, so that it seems one cannot consistently assign either truth-value to it, so too the sentence 'Haec propositio est vera' yields the logical dual of this sitation. Its truth-condition is not a contradiction but rather a tautology (it is true if and only if it is true), and so is compatible with the assignment of *any* truth-value to it whatever. One might just as well say it is false as that it is true. Thus it is hard to see why Wyclif is so confident that the sentence is true and is convertible with the claims that it exists and that it signifies.

But perhaps the solution may be found at the end of para. 43: 'eadem in conceptu demonstrata'. Wyclif is here talking about sentences in the mind, mental sentences. The *De actibus animae* notwithstanding, we know of no place where Wyclif discusses mental language at any length. But authors typically held that one of the characteristic features of mental language is that it allows no synonymy: no two sentences in mental language say exactly the same thing.[7] Furthermore, in order to make sense of these paragraphs, we may have to suppose that for Wyclif sentences that are logically equivalent are synonymous. (That view is perhaps philosophically objectionable, but that is not the point here.)

Assuming all of the above, consider the self-referential mental sentence 'Haec propositio est'. Call it $A$. As Wyclif shows (para. 44), $A$ is logically equivalent to the claim that $A$ signifies and also to the claim that $A$ is true.

Hence $A$ is synonymous with those claims, so that all of them are expressed by the same mental sentence.

Now consider the self-referential mental sentence 'Haec propositio est vera'. Call it $B$. Wyclif would perhaps argue that $B$ is not a new and distinct mental sentence, but is just $A$, although we have expressed it in different words. $B$ is supposed to say of itself that it is true. But we have just seen that $A$ already does that. And *since there is no synonymy in mental language*, there is no ground for postulating a new mental sentence in this case. In short, everything that can be said about $A$ can also be said about 'Haec propositio est vera' and conversely.

Such reasoning probably begs the question,[8] but some view like this seems required if one is to understand why Wyclif thinks the three self-referential sentences in para. 43 are equivalent.

**Book II, para. 51, line 73 'secundo modo':** The strategy beginning with para. 51 seems to be as follows. Wyclif first sets up the two sentences $A$ and $B$, and then constructs a spurious argument to show that $A$ is true. That the argument is indeed spurious is indicated by the words 'quod est falsum cum fiat locutio de vero secundo modo'. The questionable step is the minor, the claim that $A$ and $B$ are convertible with one another. In the rest of para. 51, and in para. 52–54, Wyclif constructs a further argument that purports to *show* that $A$ and $B$ are convertible. This further argument is based on the notion that the same sentence $C$ serves as the contradictory of both $A$ and $B$, and of course sentences that have the same contradictory are presumably convertible with one another. Since we have already been told that the original argument in para. 51 fails, so that $A$ and $B$ are really not going to be convertible after all, we know in advance that there is going to be something wrong with the further argument in para. 51, and in para. 52–54, that tries to prove they are indeed convertible.

All of this serves as an introduction to the discussion of how to form the contradictories of insolubles, which begins at para. 55. The transition is at the end of para. 54: the argument that $A$ and $B$ are indeed convertible (together with all the supporting arguments) must be valid, it is said, "because otherwise it follows that for no negative insoluble can one give a contradictory in terms" (i.e., a sentence constructed from the same terms as the original, and contradicting it). But Wyclif goes on in para. 55 to say that that is exactly what one view holds, namely that indeed one cannot give a contradictory in terms for a negative insoluble. And that is how the view introduced in para. 55 avoids the conclusion that $A$ and $B$ are convertible.

**Book II, para. 54, line 88 'cum sic':** The sense seems to be 'ut sic' or 'cum sic sit', "since it is so".

**Book II, para. 55, line 93 'responsio una':** It is not clear whom Wyclif has in mind here.

**Book II, para. 61, line 149 'alia responsio':** It is not known who held this view.

**Book II, para. 61, line 152 n. 'Haec', lines 152–53 n. 'Haec . . . est', line 153 n. 'una' & line 153 n. 'altera':** These glosses seem to distort the doctrine. Back in para. 51, which provides the context for all these arguments, A was said to be 'Haec non significat primarie sicut est', referring to A itself, whereas B was a syntactically similar sentence 'Haec non significat primarie sicut est', also referring to A. Note that A is self-referential while B is not; B refers to A, not to itself.

The first theory about the contradictories of insolubles (para. 55) said that in such a case it is not possible to form the contradictory of A simply by deleting the 'non': 'Haec significat primarie sicut est', indicating A. That would yield the contradictory of B, not of A. The reasons for this view are obscure, but do not matter here. According to this first view, in order to form the contradictory of A, one must not delete the negation but rather add another one: 'Non est ita quod A non significat primarie sicut est'.

The second theory, introduced here in para. 61, takes a different line. According to this theory, just as the negatives A and B are semantically quite different even though syntactically they are exactly alike, so too one can formulate two affirmatives of the form 'Haec significat primarie sicut est', one of which contradicts A and the other B. If one can make semantic distinctions among negative sentences that look exactly alike, one ought also to be able to make such semantic distinctions among affirmative sentences that are syntactically alike.

When therefore the glossator of **V** says at line 152 n. 'Haec': 'ipsamet demonstrata', he seems to be confused. We want 'Haec significat primarie sicut est' to refer not to itself but rather to the referent of one or the other of the negatives, A or B. This is confirmed later in the paragraph when Wyclif says that the two affirmatives contradict A and B respectively. A and B both refer to A. Hence their contradictories must likewise refer to A, not to themselves.

If this analysis is correct, then the glosses at line 153 n. 'una' & line 153 n. 'altera' are utterly gratuitous. The text itself says only that the one affirmative sentence behaves one way whereas the other behaves another. It does not specify which does which. The glossator has arbitrarily settled the matter, apparently on the basis of a misunderstanding of the doctrine. On the other hand, the glosses at line 153 n. 'B' & line 154 n. 'A' appear correct.

**Book II, para. 64, line 179 n. 'ARISTOTELEM'**: The exact reference is not certain. The main point of Wyclif's argument is that contradiction is the "most manifest" kind of opposition. The claim that there is no middle between contradictories is not really operative in the argument. The *translatio Iacobi* (used by Moerbeke) of *Posterior Analytics*, I, 2, 72a12–13, has 'Contradictio autem est oppositio cuius non est medium secundum se'.[9] But nothing is said here about contradiction's being "most manifest".

Another possibility is *Metaphysics* X, 4, 1055a38-b2. This text says that there is no middle between contradictories, and that contradiction is the "first" among kinds of opposition, which may give some justification for Wyclif's 'manifestissima'. The *translatio anonyma* contains a lacuna where the Greek denies a middle.[10] Moerbeke's version here reads

> Si ergo opponuntur contradictio et privatio et contrarietas et ad aliquid, horum autem primum contradictio, contradictionis autem nihil est medium, contrariorum autem contingit, quod quidem non idem contradictio et contraria palam.[11]

A third possibility is that Wyclif is merely making a general reference to the whole of *Metaphysics*, IV, 7 (1011b23–1012a28), which contains a defense of the law of excluded middle in the context of the first (and so presumably "most manifest") principles of demonstration.

**Book II, para. 66, line 212 'eius'**: The paragraph is difficult and requires some explanation. The key to understanding Wyclif here and in several other passages of this work is to note that he in effect uses the following phrases synonymously: 'significare', 'habere significationem', 'habere significationem quae est' and 'significare significatione quae est'. Again, he uses the phrases 'esse verum', 'significare primarie sicut est' and 'significare ens quod est' synonymously. The first set of equivalences is perhaps implicit throughout *SI* but is in any case quite explicit in *LC*:

> Sicut enim idem est gaudere vel dolere et habere dolorem vel gaudium sic idem est significare vel habere significationem vel habere significationem quae est vel significare significationem[12] quae est.[13]

For the second set of equivalences, see para. 11–12 above, and the following passage from *LC*:

> Pro quo sciendum est quod universaliter et convertibiliter, si aliqua propositio significat primarie sicut est, vel si suum primarium significatum sit veritas, tunc est vera.[14]

The main difficulty with para. 66 and similar passages then is that Wyclif seems to be remarkably willing to express himself in different but essentially equivalent ways. For the reader who is not yet confident of the doctrine and is carefully watching the wording and *distinguishing* one of the above equivalent phrases from the other, Wyclif's practice obscures his intent. Thus at para. 66 line 199 'superius', for instance, the reference seems to be to para. 48. Para. 48 treated the sentence 'Haec non significat sicut est', not 'Hoc non significat primarie ens quod est', as here. But in virtue of the above equivalences, it amounts to the same thing.

The reader may find it useful to have a gloss on the whole of para. 66. Consider the negative insoluble sentence (call it "$X$") 'Hoc non significat primarie ens quod est'. In virtue of para. 48, $X$ says in effect that it has no signification ("Nullum ens est sua significatio"). Hence the contradictory of $X$ must have the contradictory sense and signify in effect that $X$ does indeed have a signification ("aliquod ens est sua significatio"). But the affirmative that the theory in para. 61 (the theory now under consideration) says will serve as the contradictory of $X$ — namely, 'Hoc significat primarie ens quod est', referring to $X$ — does *not* have that sense; it does not signify in effect that $X$ has a signification. For consider why the original insoluble $X$ has the sense it does. It is because "significatio" and "significatum" were the same for it. (See para. 46.) As a result, by saying that $X$ does not signify an existing being (and so, by the above equivalences, that $X$ is not true, that $X$ does not signify "sicut est"), $X$ also says in effect that $X$ does not signify at all (and so, by the above equivalences, that $X$ does not have a signification, that $X$ does not have a signification that exists, etc.). But the affirmative sentence now under consideration signifies "transitively" — i.e., it signifies something about $X$, not about itself. Hence "significatio" and "significatum" are *not* the same for it, so that by saying that $X$ does signify an existing being (and all the equivalents of that), it does *not* at the same time signify in effect merely that $X$ signifies (and the equivalents of that). In short, 'Hoc significat' is *not* equivalent to 'Hoc significat primarie sicut est', both referring to $X$. (The latter sentence, of course, is just an alternative formulation of the affirmative that para. 61 says will contradict $X$.) But it was shown in the opening sentence of para. 66 ("quas probatum est superius") that 'Hoc significat' must indeed be convertible with the contradictory of $X$. Hence, the objection in effect concludes, the theory in para. 61 must be wrong. The sentence that theory proposed as the contradictory of $X$ does not have the sense required of it if it is to perform that task. It signifies primarily that $X$ primarily signifies an existing being; it does *not* signify only that $X$ primarily signifies "significatione quae est" (or the equivalents of that).

This seems to be the gist of the paragraph, and it well illustrates Wyclif's practice of switching among equivalent formulations. Para. 80, which contains a reply to the argument in para. 66, confirms the interpretation we have just given.

**Book II, para. 74, line 257 n. 'Hoc significat':** The emendation seems required by the sense. Para. 73-74 are a reply to the argument in para. 58, which concerns the sentence 'Hoc significat primarie sicut est'. **P** seems to have lost both the sense and the syntax here. **V** can be construed, but seems to give a totally wrong sense.

**Book II, para. 74, line 266 'copulis':** The last sentence is obscure. 'Ista assignata' seems to refer to the sentence 'Hoc significat primarie sicut est' earlier in the paragraph, where that sentence — call it $X$ — indicates its opposite. Then Wyclif is saying that $X$ and its contradictory have the same (categorematic) terms, but do not have the same extremes (i.e., subject and predicate) and copula. The point is that the negative opposite of $X$ is not 'Hoc non significat primarie sicut est', which has the same subject, predicate and copula as $X$ has, and only adds the negation. The negative opposite of $X$ is instead (see para. 75) 'Non est ita quod haec (*equivalently*, hoc) non significat (*understand*, primarie?) sicut est', which, however it is analyzed, does not seem to have the same subject, predicate and copula as $X$ has. Hence the analogy in para. 58 between $X$ and its opposite on the one hand, and $C$ and $A$ on the other breaks down and the argument there fails.

**Book II, para. 79, line 306 'intellegendo':** The argument to which this paragraph is a reply occurs in para. 65. Plato utters a negative insoluble sentence. The theory in para. 61, to which para. 65 objects, says that one affirmative will be the contradictory of Plato's sentence, while another exactly similar affirmative will be the contradictory not of Plato's sentence but of another sentence exactly like Plato's sentence. The objection in para. 65 in effect charges that the theory can provide no reasonable way to distinguish the two affirmatives.

The reply here in para. 79 says that the affirmative that contradicts Plato's sentence is the affirmative *embedded* in Plato's negative utterance, the affirmative that is left when the negation in Plato's utterance is deleted. Call that affirmative $X$. Unlike any other token of the same type, $X$ signifies dependently just as Plato's negative sentence does, and so it is a suitable sentence to serve as the contradictory of Plato's negative sentence. It signifies dependently because it refers to Plato's negative sentence, of which it itself is a part. (See para. 8.) Hence, by reasoning apparently meant to be similar to that in para. 43-46 (with all the difficulties that reasoning involves —

see above, comment to Book II, para. 46, line 36 'significatio'), $X$ is equivalent to 'Haec significat sicut est', to 'Haec significat' and to 'Haec est', all referring to $X$.

The last equivalence above is responsible for the 'verum primo modo' at the end of para. 79. Any being is "true" in the first mode (para. 10). Hence by saying in effect that it itself exists, $X$ says in effect that it is true in the first mode.

Note that the 'dicit ens quod est' at the end of para. 79 is not the same as 'dicit propositionem quae *significat* ens quod est'.

**Book III, Ch. 1, para. 86, line 57 'quod est falsum', & para. 87, line 65 'quod est falsum'**: These words are puzzling. The point of para. 86 seems to be rather that what precedes these words is *true*, and indeed so is the insoluble sentence itself (true "secundo modo"). Perhaps we ought to understand something like 'quod est falsum *per te*' or 'quod assumptum est esse falsum'. The same remarks apply to 'quod est falsum' at the end of para. 87.

**Book III, Ch. 1, para. 88, line 69 'secundarie'**: 'Secundarie' here is the opposite of 'principaliter'. Socrates *principally* says the whole sentence he utters, and only secondarily says any sentence that happens to be an embedded part of what he principally says. Thus if Socrates principally says 'Man is an animal', he secondarily says 'Man is'. In the present case, Socrates principally says 'Sortes dicit propositionem quae primarie significat sicut non est' (para. 85). If we delete the 'non', we find embedded in that sentence 'Sortes dicit propositionem quae primarie signficat sicut est', which is secondarily said by Socrates.

**Book III, Ch. 1, para. 92, line 108 'negativa'**: These opening lines of para. 92 are obscure, but the main idea seems to be as follows. It is the second theory about how to form the contradictories of insolubles (para. 61) that is at stake in para. 92. According to that theory (see para. 74 & 77), if an insoluble $X$ says in effect that it itself is false, then its contradictory opposite — call it $Y$ — must say that $X$ is true. Since $Y$ says that $X$ is true, and since $Y$ is the contradictory of $X$, $Y$ implicitly ("ex consequenti") says that $Y$ itself is false. Thus if $X$ signifies that $X$ is false, its contradictory $Y$ likewise signifies "ex consequenti" that $Y$ is false, so that the contradictory of $X$ signifies "dependently" just as $X$ does.

The beginning of para. 92 in effect denies that claim. In the argument in para. 91, we now read, one does *not* after all need to add the clause at the end of the paragraph, about the insoluble's signifying "independently", since that stipulation is automatically satisfied. If $X$ is the insoluble 'Sortes dicit propositionem quae significat primarie sicut est' (see para. 91) and

$Y$ its contradictory opposite, then the opposite of $Y$ — or in short, $X$ itself — is an affirmative that is *independent* of the corresponding negative $Y$. That is, $X$ refers to itself, not to $Y$. $X$ can signify the way it does without taking $Y$ into account at all; $Y$ need not even exist. And since $Y$ refers to $X$, it refers to something quite independent of $Y$ itself. In short, the circle is broken; $Y$ does not signify in any way that is "dependent" on $Y$ itself.

Wyclif thinks this is a bad argument, and rejects it in the remainder of para. 92 on the grounds that this is not the kind of dependence and independence that is relevant to the case.

**Book III, Ch. 1, para. 92, line 115 'includit':** The subject must be 'propositio', not 'significabile', as would be grammatically much more natural.

**Book III, Ch. 2, para. 104, line 52 'formidine opposita':** The last sentence of para. 104 seems to conflict with the doctrine of *LC*, II, p. 211.27 sqq., according to which there are certain truths I cannot "know". According to *LC*, I, p. 179.1-5:

> Potest ergo dici pro descriptione habenda de iste termino 'scire' quoad membra aequivoca quod sicut scire habituale est habituari vel habere habitum cognitum,[15] sic *scire actuale est credere sine contraria formidine veritatem.*[16]

The end of this quotation is effectively the same as the phrase at the end of para. 104. In short, para. 104 appears to deny that there are truths I cannot know, whereas *LC*, II, p. 211.27 sqq. affirms it. The same difficulty emerges in para. 170 in connection with a different sophism.[17]

Nevertheless it would probably be wrong to make too much of this disagreement. For first, the discussion in *LC*, II, pp. 209.24-215.29, is so obscure that it is hard to be certain just what its doctrine is. Dziewicki's edition of the passage simply makes no sense in parts, so that there is no way to tell whether the differences are important or trivial until a new edition of *LC* is prepared. Second, the discussion in *LC* concerns in effect the second sentence listed as an example in para. 159 below and referred to again in para. 190. In para. 190 there is what appears to be a reference back to *LC*, II, p. 209.24-215.29, which introduces the sentence in question. And third, Wyclif is otherwise known to have changed his mind, sometimes on quite substantive matters, such as the possibility of annihilation.[18]

In short, the situation is this. *LC* discusses a certain sophism in such a way that the text of the discussion is not very firmly established, and is obscure in any case. In the course of that discussion, Wyclif appears to say that there are certain truths I cannot know. That claim conflicts with the last sentence of para. 104 and with para. 170, although the conflict is certainly less than other known discrepancies in Wyclif's writings. Later on, *SI* itself discusses the same sophism as *LC* and appears to refer back to *LC* in such a way as to suggest that the same author produced both discussion.

Given the other evidence described above,[19] we do not think this doctrinal discrepancy is by itself good grounds to question the attribution of *SI* to Wyclif. It does, however, warrant further study.

**Book III, Ch. 3, para. 116, line 35 n. 'realiter':** **V** has an uncertain abbreviation that can perhaps be read 'realiter', in agreement with **P** and **M**. On the other hand, 'realiter' seems to be a puzzling adverb to use here. Perhaps it has somthing to do with Wyclif's "realism", so that the sense is: "a realist would argue like this". Nevertheless, it is hard to see anything especially "realist" about the argument here in para. 116. The word appears to play no crucial role in any case.

**Book III, Ch. 3, para. 126, line 143 'significat':** The argument would be clearer if 'sicut est' were added here. Given the doctrine as described in the comment above to Book II, para. 46, line 36 'significatio', there is no reason to emend the text here, although the argument is rather abrupt as it stands.

**Book III, Ch. 5, para. 142, line 65 'synonyma':** The word is odd here. Normally one would not say that a negative is "synonymous" with its corresponding affirmative. What Wyclif probably means is something like "having the same terms".

**Book III, Ch. 5, para. 146, line 100 'naturaliter':** The dichotomy in para. 146 omits an obvious third possibility: signs that signify *only* naturally and not by imposition. Para. 149 indicates that there are such signs.

**Book III, Ch. 5, para. 147, line 104 'impositionis':** The correct reading here is uncertain, although both **P** and **V** clearly have 'impositionis'. This reading seems to make nonsense of the definition. First Wyclif says the volition *is* the imposition, and then he says it is the "principium effectivum" *of* that imposition. This difficulty would suggest that 'significationis' should perhaps be read here. Compare 'principium effectivum illius significationis' in para. 148 & 149.

On the other hand, if 'impositionis' is emended to 'significationis', other difficulties arise. Consider, for instance, the objection and reply in para. 149. The objection is to the second sense of 'impositio', in para. 148. According to that definition, if one willed a stone to signify itself to exist then (since anything whatever signifies itself to exist) that act of willing will count as an imposition. Not so, replies Wyclif, because even if you were to will the opposite, the stone (as long as it continues to exist) will continue to signify that it exists, so that the willing is not the "principium effectivum" of the signification, as is required by the definition. If it were, then the stone would not continue to signify in this way when one willed the opposite.

The argument and reply are clear and cogent. But, if 'significationis' is read for 'impositionis' in para. 147, then it seems the same objection can be raised to the first sense of imposition, in para. 147. With that emendation, the only difference between the first two kinds of imposition is that the first kind allows the sign to signify in such and such a way *naturally* as well as by imposition, whereas the second kind rules that out ("non concomitante natura"). The first kind of imposition goes with the first kind of sign distinguished in para. 146, while the second kind of imposition goes with the second kind of sign.

But if this is so, then consider Wyclif's own example of the first kind of imposition, the self-referential sentence 'Hoc est' (para. 147). Just like the stone in para. 149, this sentence will continue naturally to signify itself to exist whether one wills it to do so or not. Does this not then mean that the willing is *not* after all the "principium effectivum" of the signification, despite what para. 147 says? That is what it meant for the stone in para. 149.

Thus there are difficulties whether we emend the text or not.

**Book III, Ch. 5, para. 151, line 125 'valet'**: The "assumption" of the argument in para. 139 is that no impositors impose the sentence $A$ (i.e., 'Primarium significatum $A$ non est extra $A$ — see para. 137) to signify primarily that it has no *signification* outside itself. The "consequent" referred to in para. 151 is that if $A$ primarily signified some being distinct from itself, that being would be $A$'s primary *significate*'s not being outside $A$. In para. 151, Wyclif observes that if 'significatum' in the consequent refers to that which is signified by a *different* kind of signification (involving a different sense of imposition — see para. 147-50) than that referred to by 'significatio' in the antecedent or "assumption", then the argument commits a fallacy of equivocation. But if the *same* kind of signification is implied in both the antecedent and the consequent, then the argument is valid but innocuous because the continuation of the argument in para. 139 does not follow. That seems to be correct.

**Book III, Ch. 6, para. 159, line 6 'scies'**: *LC*, II, pp. 209.24-215.29 discusses almost the same sentence, 'Omnem propositionem quam nunc scis per horam post hoc scies', and explains in greater detail what is supposed to be problematic about it. Call that sentence $X$. Then the question in *LC* is: is it possible for one to know only the three sentences 'God ex-

ists', 'Man is an animal', and $X$? The puzzle concerns the 'nunc' in $X$ (the
present tense of 'scis' in para. 159). In order for $X$ to be true, every sentence
I now know I must continue to know for the next hour. If $X$ is one of those
sentences, then I must continue to know $X$ for the next hour, so that $X$
must continue to be true and its primary significate must continue to exist
(see para. 11–12) for the next hour. But in virtue of the indexical nature
of 'nunc' (or the present tense of 'scis'), the primary significate of $X$ appears to be continually changing and so cannot endure for the next hour.
It is not clear just why this interesting puzzle should be included among
the *insolubilia*.

   **Book III, Ch. 6, para. 159, line 7 n. 'Hoc'**: Para. 191 describes 'Utrumque istarum significat primarie sicut est' as the "last" example. 'Hoc est
verum' is therefore not meant as a separate example but rather apparently as an alternative formulation of the "last" one. This requires the 'Hoc'
to have 'Utrumque istarum' as its antecedent, even though the result is
certainly strained and clumsy. The 'demonstrando'-clause goes with both
the "last" example and its alternative formulation.

   **Book III, Ch. 6, para. 166, lines 61–62 n. 'eo . . . est'**: The clause
'eo . . . est' is at first confusing. Nothing of the sort has been conceded,
so that the 'iuxta concessa' perhaps seems out of place. But the 'eo quod'
should probably be construed with 'non possit significari' earlier in the
sentence: "it is not for *this* reason able to be signified". To paraphrase the
end of the sentence: it follows that, in a disputation in which one finds
oneself having to concede (for whatever reason — here unspecified) that
the sentence 'Omnis propositio primarie significat sicut est' signifies primarily as is the case, the truth that every sentence primarily signifies an existing being is not *on that account* able to be signified by that sentence.

   **Book III, Ch. 6, para. 167, line 72 'causantia'**: The sense of the last
clause is not clear. Here is a tentative suggestion: the whole cause of the
difference between what such a sentence — call it $X$ — convertibly im-
plies when it is the only existing sentence, on the one hand, and when
other sentences exist together with it, on the other, is the different "causes"
("causantia"). If there are other existing sentences too, they may cause $X$
to be true or false, but not of course if $X$ is the only existing sentence.
This interpretation of the clause is not altogether persuasive, but we can
think of no better.

   **Book III, Ch. 6, para. 168, line 82 'negationem'**: Perhaps this word
should be emended to 'negativam'. The sentence presumably refers to the
two examples at the beginning of the paragraph. The first example is a
universal affirmative (the 'non' there governs the 'est', not the main verb

'significat'), and the second is a particular negative. Hence 'negativam' would be expected here.

On the other hand, there appears to be another problem here, whether the word is emended to 'negativam' or not. The 'tunc' earlier in the sentence seems to mean "when those other true independently signifying sentences do *not* exist", since it is only then that the examples "non transirent in extrinsecum quantum ad verificationem". In such cases the example sentences are insoluble. But then does not the affirmative example signify rather that its signification does *not* exist? And does not the particular negative signify that its signification does exist? See, for instance, para. 165 & 167.

Since there are doctrinal difficulties here, it is not clear whether 'negationem' ought to be emended or not.

**Book III, Ch. 6, para. 170, line 91 '⟨. . .⟩'**: See the following comment.

**Book III, Ch. 6, para. 172, line 105 'conclusio'**: Para. 170-72 appear hopelessly garbled. First, here is the theory Wyclif is trying to refute. From para. 169 & 174 it appears that whoever held the theory in question held that, provided I do not *know* any sentence, I can *believe* the sentence (call it "*X*") 'Quaelibet propositio scita a te est aliqua istarum', where the 'istarum' indicates all the sentences I know other than *X* itself. In the supposed case, of course, that amounts to no sentences at all, even though I may think otherwise. In such a case, *X* is false since it is a universal affirmative with no true instantiations.

On the other hand, if I do know some sentences, then this theory claims that I cannot even *believe X*. The reasoning is implicitly as follows. According to *LC*, I, p.179.1-5, actual knowledge is just true belief (without fear of the opposite's being true); the notion of "justification" one sometimes views as a requirement for knowledge is not involved here.[20] Hence, if I believe *X* and *X* is true, then I know *X*, so that the sentences indicated by the 'istarum' are *not* all the sentences I know and *X* is therefore false. Similarly, if I believe *X* and *X* is false, then the sentences indicated by the 'istarum' are indeed all the sentences I know, so that *X* is true. In short, if I know other sentences and believe *X*, then if *X* is true it is false and if it is false it is true. Hence, this theory concludes, if I know any sentences at all, then I cannot believe *X*. (The "contradiction" mentioned toward the end of para. 169 therefore arises only on the proviso that one believes *X*.)

In para. 170 Wyclif says that this view is incredible. For it seems remarkable to him that there should be a true affirmative sentence that will remain true through time, and yet that he should not be able to believe it even though he can believe other things.[21]

There are many problems here. First, to what is the 'cum'-clause near the beginning of para. 170 subordinated? It appears to be left dangling. Second, should the 'sic significare' in para. 170 be emended to 'sic significando'? The theory Wyclif opposes does not say that I cannot believe that the sentence signifies this way. What I cannot believe according to that theory is the *sentence itself*, so long as it signifies this way. Compare the occurrences of 'sic significando' in para. 171.[22]

What is the conclusion mentioned in para. 170? The only conclusion in the vicinity is that the theory is incredible. But that does not fit with the words after 'conclusio'. The word 'conclusio' appears again at the end of para. 172 and, as we shall see, once again there appears to be no likely referent.

Note also in para. 170 the phrase 'aliqualiter aliter credente'. The theory in question does not say that I cannot believe *X* while *believing* other things. It says I cannot believe *X* while *knowing* other things.

Compare the omission in **P** at para. 171 lines 95–97 n. 'quod illa . . . credere' with the addition in **P** at para. 172 line 99 n. 'credere'. It appears that **P** has simply misplaced the words. The situation is complicated by the fact that **V** then goes on to commit an omission of its own, at para. 172 lines 100–101 n. 'sine . . . te'. Our reconstruction of the text of para. 171–72 is perhaps confirmed by the fact that if one follows **P** at para. 171 lines 95–97 n. 'quod illa . . . credere' and para. 172 line 99 'credere', then 'credere' has no direct object. One is surely needed, since the theory in question does *not* say that it is possible to believe this way in general; in fact, the whole point of the theory is to deny that.

Now consider para. 171 in detail. The first 'ipsum' is the subject of 'credere' and 'illam' is the direct object. The 'ipsum' is therefore not a neuter but a masculine accusative referring to the believer, so that the 'sic significando' immediately following it will only make sense if construed with the 'illam' after 'credere'. The sentence therefore says that the author of the theory under disussion would agree that it is impossible for him to believe *X*, signifying as it does, without knowing that it signifies this way.

The rest of para. 171 seems to be relatively unobjectionable. The reason Wyclif says the author of this opinion would agree to this is that that author, whoever he is, says himself that if *X* signifies in a different way, then it *is* possible for him to believe it. Hence, Wyclif concludes, the author must be able to discern how the sentence signifies. Whatever one thinks of this argument in the long run, it at least makes some sense: if one can believe *X* under these conditions and not under those, then one must be able to tell when these conditions obtain and when those do.

With this, it appears that Wyclif has more or less established the point

stated in the first sentence of para. 171. But how does this help? To say
that one cannot believe $X$ without knowing how it signifies does not seem
to go very far toward refuting the theory in question.

In para. 172, Wyclif argues that if one can believe such and such ("sic"),
one can believe it "sine haesitatione firmiter contraria de possibili". Although
the syntax is strained, the sense seems to be roughly "firmly, without any
hesitation arising from the possibility that the contrary might be true".
Compare this phrase with $LC$, I, p. 179.1–5.[23] It appears that Wyclif is
here trying to argue that not only can one believe such and such ("sic"),
one can also *know* it. This would presuppose, of course, that the "such and
such" ("sic") is true.

But what then is the "sic"? In para. 171, the only thing that was said
to be believable was $X$ itself, provided that it signified in some other way.
But it would seem pointless to argue that one can know $X$ under such a
condition, since the example concerned $X$ as in fact it does signify. Again,
what is the referent of 'illa' toward the end of para. 172? According to the
theory as described above, it is possible for $X$ to be true provided I do
not believe it, and provided I know other sentences. But taking $X$ as the
referent of 'illa' hardly seems to fit with the preceding argument. For that
matter, the entire clause 'cum illa . . . pono' in para. 172 seems idle. The
consequence appears to follow "per locum a maiori" whether or not one
assumes that a certain sentence is true when one still does not believe it.
And finally, what is the mysterious conclusion mentioned at the end of
the paragraph?

In summary, the text of para. 170–72 appears very corrupt. The difficulties begin to emerge immediately after the 'eam' in para. 170. After
that word we have the 'sic significare' where 'sic significando' is expected,
we have 'credente' where one expects something about knowledge rather
than belief, we have the awkwardness of not finding a correlative for the
'cum'-clause at the beginning of the paragraph, and we have the difficulty
of identifying the conclusion mentioned at the end of the paragraph. We
suspect therefore that there is a lacuna after the 'eam' in para. 170. What
is missing appears to be a clause to answer the 'cum', and then a new discussion that gives an exposition of the theory under discussion in such a way
that the conclusion at the end of para. 170 would really turn out to be
"iuxta sic opinantem". Then in para. 171 Wyclif would begin to argue
against this theory in detail.

But there is surely more wrong here than that. The first 'sic significando' in para. 171, for instance, is almost surely misplaced. And the conclusion mentioned at the end of para. 162 is presumably not the one referred

to at the end of para. 170. In para. 172 Wyclif is arguing *against* the theory, so that his conclusion would hardly be "iuxta sic opinantem", as the earlier one was said to be. And finally, there are the other difficulties discussed above.

**Book III, Ch. 6, para. 176, line 130 'significare'**: The sense seems to require rather 'sic significando'. In order to know the sentence, I must not merely believe it to signify such and such; I must believe the sentence itself. Compare the similar difficulty discussed in the comment above to Book III, Ch. 6, para. 172 line 105 'conclusio'. The fact that the same thing occurs in both places makes us reluctant to emend here.

**Book III, Ch. 6, para. 177, line 137 'illam'**: The example at the beginning of the paragraph has nothing to do with knowledge or belief, so that it is hard to see how it makes any difference to the argument whether or not it is posited that you believe the sentence. Perhaps the point is only that, since the sentence appears to be true if and only if it is false, it follows that if you believe it then you *know* it if and only if you do *not* know it (because knowledge is just true belief[24]). But that would seem an idle point to make.

**Book III, Ch. 6, para. 179, line 142 n. 'demonstrare', & para. 180, lines 148–50 n. 'Quae ... vocalem'**: We interpret 'Quae enim ratio' as roughly "For the reasoning here is . . .". The remark about a chimera and about "every intelligible besides this" seems completely irrelevant to the argument in para. 179. And the claim that the argument assumes that the sentence is a written or spoken one seems to be just false. On the other hand, both remarks can be construed, with at least some plausibility, with the argument in para. 180 (before the sentences we have moved), which seems to be still about the sentence 'Quaelibet propositio scita a te est aliqua istarum'.[25] Call that sentence $X$.

The argument in para. 180 is directed against the view described at the end of para. 169, according to which no word in a sentence can refer to that very sentence of which the word is a part. On the contrary, the argument says, the pronoun in $X$ can refer to $X$ itself. For if the rest of $X$ were destroyed, leaving only the pronoun, that pronoun would no longer be a part of $X$, and so could refer to $X$ no matter what the theory at the end of para. 169 says. In such a case, of course, $X$ would no longer exist, but it would still be intelligible and so could be referred to just as chimeras and any other intelligibles can.

The argument is perhaps not a persuasive refutation of the theory at the end of para. 169, but the remark about chimeras and intelligibles is clearly applicable to it. Furthermore, depending on one's theory about the composition of mental sentences (Wyclif's views here have not yet been studied), the argument may indeed assume that $X$ is spoken or written. (If mental sentences have no parts, for instance, but are simple mental acts, then it makes no sense to speak of destroying all of $X$ but the pronoun.)

**Book III, Ch. 6, para. 184, line 179 'contra':** The argument is perhaps as follows. If the sentence exists, it signifies. For if it did not, it would not be a sentence.[26] Furthermore, if the sentence signifies, it signifies to *someone*; signification is a person-relative notion. Hence that person must be aware of the sentence. In short, if the sentence exists, it is known (in the sense of "cognoscitur"). The converse implication is of course obvious.

**Book III, Ch. 6, para. 186, line 207 'primum':** The sense is that, although in the consequence just above (immediately after 'sicut non sequitur') it does not follow that $F$ primarily signifies as is the case, it does follow that the cognition of $F$ exists. Furthermore, concerning a sentence that signifies transitively, the first argument (the one before 'sicut non sequitur') would be valid. That is, where $G$ is a sentence just like $F$ and signifying transitively for $F$, the consequence 'Quia ita est quod hoc $F$ non scitur, et ipsum $G$ primarie significat quod $F$ non scitur, ergo ipsum $G$ primarie significat sicut est' is valid. The 'iterum' recalls the fact that at the beginning of the paragraph there was another discussion of transitively signifying sentences.

**Book III, Ch. 8, para. 208, line 53 '⟨non⟩':** The 'non' is clearly required for the sense. If one followed the reading in **PV**, the consequence would end with 'et cetera' and a new sentence would begin with 'Ita est'. That sentence would be completely unintelligible in the context. We have followed **M**, but added the 'non'.

**Book III, Ch. 10, para. 224, line 44 'quod':** It is not uncommon in manuscripts from this period to find the palaeographical abbreviation for 'quod' where 'quid' is required by classical syntax. This does not appear to reflect a change in the palaeographical conventions, but rather a change in Latin usage. See also Wilson and Spade, p. 11.

## Notes to Appendix B

1. Vuillemin-Diem, ed., p. 89.3.
2. Vuillemin-Diem, ed., p. 5.3.
3. See Spade, *The Mediaeval Liar*.
4. Roure, ed., p. 286, para. 2.02. We have revised the orthography and punctuation.
5. *Ibid.*
6. *Ibid.*, para. 12.12, p. 326.
7. See Spade, "Synonymy and Equivocation".
8. *A* says that *A* is true, and *B* says that *B* is true. Why should one regard the two as synonymous unless one *already* thinks that *A*'s being true and *B*'s being true are the same thing — in short, that *A* and *B* are identical?
9. Minio-Paluello, ed., p. 8.18–19; for Moerbeke, see Dod's edition in the same volume, p. 287.8–9.
10. Vuillemin-Diem, ed., p. 193.7–9.
11. Aquinas, p. 579a, punctuation revised.
12. Possibly a misreading for 'significatione'.
13. *LC*, II, p. 218.20–23, orthography and punctuation revised.
14. *LC*, I, p. 76.9–12, orthography and punctuation revised.
15. Perhaps a misreading for 'cognitivum'.
16. Orthography and punctuation revised, emphasis added.
17. See the comment below to Book III, Ch. 6, para. 172, line 105 'conclusio'.
18. See, e.g., Thomson, "The Order of Writing," p. 164.
19. See the Introduction, section II, above.
20. See the quotation of this passage in the comment above to Book III, Ch. 2, para. 104, line 52 'formidine opposita'.
21. See the comment above to Book III, Ch. 2, para. 104, line 52 'formidine opposita' for an apparent conflict between this paragraph and *LC*.
22. There is a similar problem with 'sic significare' in para. 176.
23. Quoted in the comment above to Book III, Ch. 2, para. 104, line 52 'formidine opposita'.
24. See the comment above to Book III, Ch. 6, para. 172, line 105 'conclusio'.
25. See para. 159 & 169, and note the 'istarum' in para. 181.
26. See para. 44.

# Apparatus

Entries are by line numbers to the text. Multiple entries for the same line are separated by a double vertical bar ('||'). Numerals in parentheses before a square bracket indicate which occurrence of the word on a given line is intended. This indication is omitted if there is only one such occurrence, or if the reference is to the first of them. Thus 'hoc (2)]' refers to the second occurrence of the word 'hoc' on a given line, while 'hoc]' refers to the first (perhaps the only) such occurrence.

## Prologue (para. 1-7)

3 Quia] Quoniam **M** Cum **W** ⟨Primum (?)⟩ capitulum *add. i.m.* **M** || omnes] *abbr. conf.* **W** || natura] naturaliter **P***     4 desiderant] scire *add.* **P** || **Metaphysicae**] Aristoteles, *Metaphysica*, **I**, 1, 980a21-29*     6 insolubilium] insolibilium **M**     7 in se] *om.* **MW**     7-8 infructuosa] fructuosa **PV** *sed* in- *add. sup. lin.* **V**     9 materiam] *om.* **PV** || insolubilium] insolibilium **M**     10 honorem] *term. amb.* **PV** *sed* -rem *add. sup. lin.* **V** honore **MW** || aperte] -e *rescr. clarius sup. lin.* **V** || reserabo] *Vide introductionis sect. II, supra.* Thomson, "Unnoticed MSS," *p. 141, legit* rescribo. || praemittens] ergo *add.* **MW**     11 generalia] *Vide infra, para. 8-41.*     12 pertractans] et *add.* **M**     13 subiungam] *Vide infra, para. 42-77.* || Et] *om.* **MW**     14 categorico] *Vide infra, para. 78-209.* Thomson, "Unnoticed MSS," *p. 141, legit* categorio.     14-15 applicanda] *Vide infra, para. 210-273.*     17 sit] est **W** || veritas] veritatis **W** || Istud] Illud **MW** || probatur] patet **MVW**     18 quia] quod **W**     21 et] *om.* **MW** || primario] *om.* **MVW**     22 aut] per *add.* **MW**     23 eius] suum **MW**     24 Sortem moveri] moveri Sortis **V** moveri Sortem (Sortis ?) **MW**     25 Sortem esse] *inv.* **MVW** || ista] ita **M** illa **W**     26 episcopationem quae] episcopatum Sortis quod **MW** || supponitur] Et *add.* **V** || ista] ita **M** illa **W**     28 est] *om.* **VW**     29 insolubili] insolibili **M** 30 possit] posset **P**     31 nullo] nec (?) *et lac. seq. forte cum ras.* **V**     32 capiatur] capitur **M** || ista] haec **MVW** || propositio] *om.* **MW**     33 terminus] communis *add.* **MW** communis *add. i.m.* **V**     35 iste] ille **MW** || huiusmodi] talis terminus **MW** 36 est] pri- *add. sed del.* **P**     37-38 sui . . . significati] illius **MW**     38-39 subiectum . . . propositione] et cetera **MW**     39 maior] probatur *add.* **M**     40 singulari] significari **V**     41 supponeret] *om.* **MW** || potissime] *om.* **MW**     42 sup-

ponat] supponit **P**      43 Confirmatur] sic *add.* **MW** || iste] ille **MW**      47 significaret] significet **MW**      48 communis] *init. conf.* **V** || nisi] solum *add.* **MVW** || primario significato] *inv.* **MW**      49 ponatur] ponitur **W** || necessaria] impossibilis **MW**      50 animal] asinus **MW**\* || universali] *I.e., 'Omnis propositio est falsa'. Vide supra, para. 4.*      50-51 significans sic] *inv.* **MVW**      51 plures] pplures **M** || istae] illae **MW**      52 sic] *om.* **MW** *sup. lin.* **V** || huius] *I.e., A.* || universaliter] universalia *sed del. et* universaliter *i.m.* **V**      52-53 quacumque] *ras.* (?) *seq.* || desinet] desinat **M**      54 corrumperetur] corrumpatur **P**      55 sequeretur] sequitur **MVW**      56 corrumperetur] corrumpetur **M**      58 quia] *abbr. conf., sed del. et* quia *sup. lin.* **V** || Quod] omnino *add.* **MW**      59 Iterum] Item **MW**      61 posset] possit **V**      63 est] *om.* **M**      64 pro] *sup. lin.* **V** || composita] hypothetica *sed* com- *sup. lin.* **P**      65 Et] non potest supponere *add. (homoeoceph.) sed exp.* **V**      66 quia] quod **MVW**      67 supponere] et cetera *add.* **MW**

## Book I, Ch. 1 (para. 8-24)

4 Supposita] Secundum capitulum *add. i.m.* **M** Pupposita (!) **W**      5 inesse] in esse **MW**\* || contingentis] *om.* **MW** || aut] vel **MW**      6 necessarii] *Thomson, "Unnoticed MSS," p. 143, legit* necessarium. || consimili modo] *inv.* **MW**      7 primarie significat] *inv.* **MW**      8 ista] illa **MW** || demonstrando] *term. incerta* **W** || Hoc (2)] Haec **MW** Haec (?) **V** || significat primarie] *inv.* **V** || primarie] *om.* **M**      9 suppositionem] *Vide supra, para. 3.*      10 primarie significat] *inv.* **MVW** || diversum] distinctum **MW**      11 ista propositio] ita **M** illa **W**      12 diversum omnino] *inv.* **MW**      13 est] erit **M**      14 ipsa] illa **W**      14-15 talis propositio] *inv.* **MVW**      15 primarie] *om.* **MW** || ista] ita **M** illa **W** || propositio] *om.* **MW** *sup. lin.* **V**      16 se ipsa demonstrata] demonstrata se ipsa **MW**      17 ipsius] illius **MW** || propositionis] *om.* **V**      19 ista] ita **M** illa **W**      20 significatum ipsius] *inv.* **W**      20-21 distinctum] *scr. sine abbrev. sed signum abbrev. add. sup. lin.* **M**      22 causetur] consequitur *sed del. et* causetur *i.m.* **V** || ipsa] illa **MW**      28 enim] *om.* **MW**      30 modo isto] illo modo **MW** || sophistae] philosophi **MW**      31 primarie] *om.* **P**      32 quod est] *om.* **P** || ipsamet] ipsa **MW**      33 huius] est *add. sed del.* **V** || est] de *add. sed exp.* **P** || se] *i.m.* **V**      35 idem] illud **MW**      36 propositione] *om.* **MW**      38 Tertio] tamen *add.* **V**      39 propositione] *om.* **MW**      40 ista] talis **MW** || ad] ab **M**      41 ipsa] illa **W** || primarie ens] *inv. sed cum sign. transp.* **V**      42 sed] ad *add. sed del.* **V** || quod] ipsa *add.* **M** illa *add.* **W**      43 ab ipsa] *om.* **MW** || distinctum ab ipsa] ab ipsa distinctum **V** p- *add. sed exp.* **P**      44-45 trimembrem divisionem] *inv.* **MW**      45 iste . . . capitur] ille terminus 'falsum' **M** sumitur ille terminus ille terminus 'falsum' **W** || enim] *om.* **MVW** || sumitur] capitur **MW**      46 esse (2)] est **MW**      47 isto] illo **MW** || modo] *add. abbr. obl.* **V** || nulla] illa **P** ista *sed eras. et* nulla *sup. lin.* **V** || istam] illam **MW**      48 demonstrando propositionem] *i.m.* **W** || est] *sup. lin.* **PV**      49-50 primarie significat] *inv.* **MW**      50 iste] ille **MW** || relative opponitur] opponitur privative **M** *inv.* **VW**      51 dicto] *Vide para. 11 supra.*      53 tamen] tantum **P** || suo] *sup. lin.* **V**      55 istae] illae **MW**      55-56 propositio] non *add.* **M** || ipsa] ipsam *sed corr. per ras.* **P**      59 obiective] vel *add.* **MW**      60 causa-

tum] tantum *sed del. et* causatum *i.m.* **V** || ibi] *om.* **MW** tibi **P** || istum] illum **MW**
61 propositionum] *om.* **MW** || Oppositum] f- *add. sed del.* **V** || huius] illius **W** ||
significat primarie] *inv.* **M**      62 earum] eorum **MPW**      64 earum] eorum
**MW**      65 patebit . . . processu] clarius in processu patebit **MW**. *Vide para. 76*
*infra.*      65 illum] istum **V**      67 et] *sup. lin.* **V**      69 ipsius] illius **W** || ipsa (2)]
illa **MW**      70 primarium significatum] *inv.* **W**      71 causatur immediate] *inv.*
**M** || hac] illa **MW** || tamquam] ab *add. i.m.* **V**      72 ut . . . propositio] sed ut
ens *add. sup. lin.* **V**      73 ista] illa **MW** ipsa **V** || huiusmodi] propositio *add. sup.*
*lin.* **V** || ipsa] scilicet ista 'Omnis propositio est vera' *add. sup. lin.* **V** illa **W**
74 altera] scilicet 'Omne ens est' *add. sup. lin.* **V** || isto] illo **MW** || posterius] *Sed*
*de facto non videtur auctor loqui de hoc posterius.*      76 aliquantulum] aliter **M** *abbr.*
*corrupta* **P** aliqualiter **V**. *Vide notam immediate sequentem.* || aliquantulum declaranda]
declaranda aliter **W**. *Vide notam immediate praecedentem.* || iste] ille **MW**      77 nisi
. . . propositiones] plures propositiones quam illae duae **MW**      78 illarum] ista-
rum **M** || isti] illi **M**      80 est vera (2)] *om.* **MW**      82 ad] suum *add.* **MW** ||
ipsam] illam **MW** *iter. sed primum del.* **P**      83 ergo] igitur **M** || *B*] Et *add.* **M** ||
Tunc] arguitur *add.* **MW**      84 *B* veritati] *inv. sed cum sign. transp.* **P** || sit nata]
*inv.* **MW**      86 et] vel **M**      88 asinus] *Hic finitur textus* **W**. || erit] *om.* **M** ||
horae] omne *sed in* horae *corr.* **V** || cuius] *i.m.* **V**      89 sumus] simus **PV**
89–90 significante] significet **P**      91 iam] *om.* **P**      92 huius] illius **M** || esse]
ut patet, ergo falsitas sibi opposita *add. sed exp.* **P** (*homoeoceph.*) || obiectum] a quo
*B* veritas capit veritatem desinet esse *add. sup. lin.* **V**      93–94 independens] de-
pendens **P** || sibi] quae est carentia correspondentiae signi ad significatum, et ce-
tera *add. sup. lin.* **V**      98 per] *sup. lin.* **V**      99 foret] erit **MV** || propositionis]
*om.* **MV**      100 significato] et *add. sed exp.* **V**      101 Patet] quod *add. sed del.* **V**
|| ista] illa **M** || minore] minori **M**      102 maior] maiore **P** || danda] *om.* **MV**
|| foret] erit **M**      103 carentia] defectus **M** || talis correspondentiae] *inv.* **M**
105 ergo] igitur **M** || quod] illa *add.* **M** || ipsa] *om.* **M** illa **V**      106 ista] illa **M**
107 ita] illa **M**      108 est] quia tunc erit ita sicut illa significat primarie quia significat falsum esse et sic est quod significat (*forte pro* sit) falsum, ergo *gl. sup. lin.*
**V**      109 non (2)] *om.* **M** || correspondebit] correspondet **P**      110 illa (2)] *sup.*
*lin.* **V**      111 falsitas] veritas **PV** || ista] illa **M**      111–112 minore] minori **M**
112 maior sic] maiore sicut **P** || ita] illa **M**      113 erit] est **P** || Antecedens]
Assumptum **MV** || Nam] Non *sed in* Nam *corr. sub. lin.* **P**      114 ita] illa **M** ||
quia] et **M** || ita (2)] illa *et* quod falsum est quia tunc erit illa *add.* (*homoeoceph.*)
**M** *om.* **P**      115 ita] illa **M** || falsum] falsa **M**      116 ita] illa **M**      117 proposi-
tionem aliquam] *inv.* **M** || significare] primarie *add.* **M**      118 ipsa] illa **MV**
119 Veritatem] Veritate **P**      121 huius horae] *om.* **M** || Nec] nisi **M** || valet]
oportet **P**      122 est' significabit] *om.* **P**      123 aequaliter] aliqualiter **P** || esse]
est **P** || possit] posset **M**      124 ipsa] illa **M** || at] ac **V**      124–125 sicut . . . in-
feriori] *om.* **M** *i.m.* **V**      126 ista] *om.* **M** || responsione] ratione **M**      127 est]
*om.* **P** || est (2)] *om.* **P**      128 aliquid] *om.* **M** *sup. lin.* **V**      129 tamen] cum **M**
|| possit] posset **M**      130 supposito] *gl. illeg.* (*forte* propositionis) *sup. lin.* **V**
132 ista] illa **M** || falsitas] *om.* **M**      133 carentia] correspondentia **M**      134 est]
cum *sed exp. et* est *sup. lin.* **P** || carentia] correspondentia **M**      135 est carentia]
correspondentia **M**      137–139 et . . . sit] licet non omnis vera secundo modo est

**M** 138 propositio est] *inv.* **V**      139 corollarium] ex hoc *add.* **M**      140 quicquam] quidquam **V**      140-141 independenter . . . primarie sicut] *i.m.* **V**      141 et] *om.* **M**      142 Et . . . patet] *om.* **M** || secunda] pars *add. sup. lin.* **V** || est vel] *om.* **M** 143 primarie] *om.* **V**      144 patet . . . tali] est illa **M**      145 Secundo] modo *add.* **PV** || qua] aliqua **MV** || est] sit **M**      146 sed] licet **M** et **P** || contra] contrario (?) **P**      149 suum] *sup. lin.* **P** || praeposita] postposita **P** || secunda] pars *add. sup. lin.* **V** || quia] quod **V**      150 primarie] *om.* **M**      151 primarie] *om.* **M** || est] et cetera *add.* **M**

## Book I, Ch. 2 (para. 25-42)

2 Ulterius] Tertium ⟨capitulum (?)⟩ *add. i.m.* **M** || notandum] sciendum **M** 3 propositionem] insolubilem *add.* **M**      4 esse insolubilem] *om.* **M**      5 vel proponens] *om.* **M** || aut proponens] *om.* **M**      6 aut propositum] *om.* **M** || propositum] significet praecise *add. sed exp.* **P** || omne] *sup. lin.* **P**      6-7 aut propositum] *om.* **M**      7 Tertia] est *add.* **M** || aut propositum] *om.* **M** || praecise] primarie **M**      8 sic] sicut est **M**      9 haec] ita **M** || iam] *om.* **M** || conditio prima] *inv.* **M** || istam] illam **M**      10 haec] hic **MV**      11 praecise] primarie **M**      14 istarum] illarum **MV** || est] erit **V** || difficultas] difficulter **M**      15 dimittatur] omittatur **M** || positarum] posteriorum **M** posteriorum (?) **V**      16 dimitteretur] omitteretur **M**      17 dicat] dicas *sed in* dicat *corr.* **V** || istam] illam **M**      19 istae] illae **M** 22 non] **M** *omittit reliquum huius capituli et initium libri secundi usque ad para. 50* (ista 'Significatum *A* non est'). *De ordine foliorum MS* **M** *vide introductionis sectionem I, supra.*      24-25 concurrentibus] scilicet, formaliter *add. sup. lin.* **V**      26 praetermissa] praemissa *sed in* praetermissa *corr.* **V** || fuerit] fuit **V**      28 evacuandum] evacuendum **V**      30 insolubilibus] insolubilis **P**      37 respondent] respondet **P**      41 sunt] sint **P**      42 tale sic] sit tale **P** || sit] sic **P** || sic (2)] *sup. lin.* **V**      43 principaliter] sit *add. sed del.* **V** || sit] sic **P**      43-44 sit . . . propositum] *i.m.* **V**      44 sic] sit **P**      45 aliunde] aliude **P** || sicut] sic **P**      50 ista] propositio *add. sup. lin.* **V** || ista (2)] propositio *add. sup. lin.* **V**      51 non] *i.m.* **P** 52 adducuntur] aducuntur *sed in* adducuntur *corr.* **V**      55 in] *om.* **P** || negativa] negativo **V**      56 postea] postmodum **V** || patebit] *Vide para. 197-200 infra, ubi forte prima conditio non impletur.* 62 pro] *om.* **V**      62-63 se ipsa demonstrata] *i.m.* **V**      63 prima] non *add. sed exp.* **V**      64 vere] non **P** || negative] *om.* **P**      66 si] *om.* **P**      68 est] esset **P**      71 se] d- *add. sed del.* **P**      72 proveniens] *Cf.* Thomas Bradwardine, *Insolubilia*, Roure ed., p. 286, para. 2.02.*      78-80 quod . . . patet] *i.m. inf.* **V**      80 non] ista **P**      83 processu] *Vide para. 154 infra.*      86 terminetur] terminentur *sed* terminetur *scr. i.m.* **V**      87 medio] id est, a propositione *add. sup. lin.* **V** || aliter] alter **V**      88 nec] *om.* **V**      89 nec] regula *add. sed exp.* **P**      90 quod] *sup. lin.* **P**      95 advertunt quidam] quaedam advertunt **P** 96 independens] *om.* **P**      100 hanc] regulam *add. sed exp.* **P**      102 posito] casu *add. sed del.* **V**      104 si] in (?) **P**      105 significare] quasi (?) *add. sed forte del.* **P** || ipsam] eam **V**      108 insolubilium] ut hic supponitur *add.* **V**      109 declaratis] *Vide para. 4-7, supra.*      113 proponat] ponat *sed* pro- *add. sup. lin.* **V** 114 numquid] nuquid (?) **P**      116 feratur] trans- (?) *add. i.m.* **V**      121 non]

*om.* **P**     123 feratur] *forte del.* **V**     128 primarium] *om.* **V**     133 dubitari] *corr.*
*ex* dubitare **P** || praedicta] prius dicta **V**. *Vide para. 11–12 supra.*     137 dubia] -a (?)
*rescr. sup. lin.* **P** || dubia tibi] *inv.* **V**     138 nisi] *abbr. illeg.* **P**     141–142 causam
praedictam] casum praedictum **P**     144 ipsa] illa **V**     145–146 independens
ab ipsa] ab ipsa independens (independens] *i.m.*) **V**     149 quod] *om.* **V**
149–150 dicitur propositio] *inv.* **V**     150 vera] *seq. lac. cum ras. illeg.* **P** || est] *Vide*
*para. 35 supra.*     151 et] vel (?) *sed eras.* **V**     152 sicut] sic **P**     153 impossibile]
uno modo *add.* **P** uno modo *add. (et seq. abbr. illeg.) sed exp.* **V** || uno modo] *om.*
**P**     155 propositio uno modo] uno modo propositio **V**     156 primarie] primario **V**     157 ipsa] illa **V**     158 modo] *om.* **P**     159 se] *seq. lac. cum ras.* **V**
159–160 demonstrata] demonstrato **V**     162 possibilis] impossibilis *sed im- exp.*
*et eras.* **V**     164 quod] quia *sed* -uia *eras. et in* quod *corr.* **V**     165 ipsa] illa **V**
169 impossibiles] possibiles **P**     171 licet] quod *add. sed exp.* **V** || necessario]
necesse **V**     173 ipsa] illa **V**     174 modo] *om.* **P**     177 et falsam] sic stat
eandem propositionem esse veram **P**     178 sic] sicut **P**     181 ipsa] *om.* **V**
184 Secundo] *abbr. illeg. add. sup. lin. sed eras.* **P**     187 primarie] *om.* **P**     188 signi-
ficat primarie] *inv.* **V** || Et . . . esse] *i.m.* **V**     189 ista] ipsa **V** || esse] *i.m.* **V**
190 est] patet **V**     192–193 sequitur] significat **P** *i.m.* **V** || non] est *add. sed exp.*
**V**     195 ad] suum *add.* **V**     201 convertibilitate] contrarietate **P** || insolubilium]
*om.* **P** || restat] modo *add.* **V** || pertractandum] Buoh s namy racz byty, etc. *add.*
**V** (*Vide introductionis sect. VII, supra.*)

## Book II (para. 43–80)

3 Et] *lect. incerta* **PV**     4 disparate] disperate **P**     6 pro (2)] *om.* **V**     13 signi-
ficat] primarie *add.* **P**     16 propositio (2)] *om.* **P** *sup. lin.* **V**     19 significat (2)]
primarie *add. sed exp.* **V**     22 primarie] *sup. lin.* **V**     23 significat primarie] *inv.*
**V**     25 cuiuslibet] iuxta (?) secundam suppositionem in principio *add. i.m.* **V**
26 suo] s- *add. sed del.* (?) **P**     27 eius] *i.m.* **P**     29 sic] sicut **P** || Sortes . . .
huius] *i.m.* **V**     30 propositio] est *add. sed del.* **V**     31 consequentia] conclusio
**P** || suppositio] secunda *add. sup. lin.* **V**. *Vide para. 3 supra.*     36 sua significatio]
*inv.* **V**     38 propositio] *om.* **V**     40 diligenter est] *inv.* **V**     44 Nam] vera *add.*
*sed exp.* **V**     46 dicetur] *Vide para. 89–90 infra.*     48 sicut est] *om.* **P**     49 significat primarie (2)] *inv.* **V**     50 arguitur sic] *inv.* **V**     51 vel . . . significare] *iter.*
*sed exp.* **V** || non (2)] *sup. lin.* **P**     54 significet] significat **P**     56 primarie] *om.*
**P**     59 convertetur] converteretur **V**     62 transitive] transumptive **P**     63 facit
ante concursum (*para. 26 supra*) . . . ista] *om.* **M** (*Vide introductionis sect. I supra.*)
65 est] *sup. lin.* **M** || suo modo] *inv.* **M**     67 appareant] clareant **M** || iste] ille
**M**     68 Haec] Hoc **MV** || Haec (2)] Hoc **MV**     72 falsum] *abbr. illeg. add. sup.*
*lin.* **M**     74 primarie] significat *add.* **M**     76 quod] *C add.* **M**     76–77 singu-
lares] *i.m.* **P** || singulares simplices] *inv.* **M**     80 et] *om.* **M** *sup. lin.* **V**     81 et
(2)] *om.* **M**     82 isti] illi **M**     84 ergo] *C add. sup. lin.* **V** || et] *om.* **M**     86 simi-
libus] synonymis (*abbr. corrupta*) **M** synonymis **V** || independenter] ergo et cetera
*add.* **MV**     87 cuicumque] cuilibet **M** || negativo] negativae **V**     88 singulari]
*sup. lin.* **P**     90 C] sic *sed exp. et C add. sup. lin.* **V** || ergo] *C add. sup. lin.* **V**

94 et] *om.* **M**      95 et] *om.* **MV**      96 contradictorium *A*] *inv.* (*A*] *i.m.*) **P**
97 isto] illo **M** || *B* significet] *inv.* **V**      98 et *C*] *iter. sup. lin.* **V** || ideo] *om.* **MV**
102 dari] dare (-e *conf.*) **M**      103 ita . . . *A*] *iter. sed primum del.* **P**      105 *A*] *om.*
**M** *i.m.* **V** || significatione] significationem **M** || aequipollat] aequipolleat **M** ae-
quipollet *sed* -t *exp. et* -et *sup. lin.* **V**      106 ista] illa **M** || convertibiliter] consimi-
liter **M** || ista (2)] illa **M** || *A*] *sup. lin.* **V**      107 significationem] significatum
**M**      109 responsionem] rationem **M** || tertio] modo *add.* **P**      110 componere]
concipere *gl. sup. lin.* **P** || negativam] *om.* **M** *i.m.* **V**      111 ipsam] illam **M**
111–112 propositionem] *om.* **MV**      112–113 contingit . . . affirmativam] per ali-
quam affirmativam contingit **MV** || affirmativam] *om.* **P**      113 componere contra-
dictorie] *inv.* **V**      114 manifeste contradicere] *inv.* **M** || synonymis] *om.* **M**
115 verius dare] *inv.* **V** || contradictoriam] contradictorium **MV** alicuius *add.* **M**
116 simplicis] *om.* **M** || negativae] *om.* **M** *i.m.* **V**      117 residua affirmativa] *inv.*
**MV**      118 suadetur] suaetur **M** || vel] et **M**      121 secum] solum **M**      123 idem]
*sup. lin.* **M**      125 illud] idem **M** || dicitur] *Vide para. 55 supra.*      126 *A* (2)] *om.*
**P** || *C*] sic **P**      127 capiatur] capitur **M**      128 demonstro] demonstrato **P** ||
*D*] *om.* **M**      131 ista] illa **M**      132 ipsa] demonstrata *add.* **M**      133 *D*] *om.*
**M** || affirmativae] *om.* **P**      134 significet] huic *add. sed del.* **V** || significat] signi-
ficet **M**      135 praeaccepta] praecepta **M**      136 tunc] sic **V**      137 significat
simpliciter] *inv.* **M**      140 affirmatur] affirmativa *sed del. et* affirmatur *i.m. inf.*
**V**      141 ipsius contradictorium] *inv.* **M** || est de se nota] de se est manifesta
**MV**      143 ista] illa **M**      144 negativo] negative **M** || dicti] *Vide para. 55 supra.*
146 huius] illius **M** || primarie sicut est] sicut est primarie *sed cum sign. transp.* **P**
147 hac] *om.* **M**      148 est] *exp.* **P**      149 sicut] *sup. lin.* **V** || casu] causa **M** ||
posito] *Vide para. 51 supra.*      150 terminis] ut 'Haec propositio non significat
primarie sicut est' *add. sup. lin. et i.m.* **V**      151 alia] scilicet, praecise eadem in
terminis tali (?) propositioni *add. sup. lin.* **V**      152 tales duas] *inv.* **V** || Haec]
ipsamet demonstrata *gl. sup. lin.* **V***      152–153 'Haec . . . est'] *i.m. cum* scilicet
prima demonstrata *gl. sup. lin.* **V***      153 una] id est, secunda *gl. sup. lin.* **V***
|| contradicit] dicit *et* contra- *add. sup. lin.* **V** || *B*] id est, illa 'Haec non significat
primarie sicut est', *A* demonstrata *gl. sup. lin. et i.m.* **V** || altera] alia **M** id est,
prima *gl. sup. lin.* **V***      154 *A*] id est illa 'Haec non significat (*inv. sed cum sign.
transp.*) primarie sicut est' *gl. sup. lin. et* ipsamet demonstrata *add. i.m.* **V** || istae]
illae **M**      155 contradictoriae] contradicit **P** || negativa] negative **V**      156 pri-
marie (2)] *om.* **V** || quod (3)] *om.* **M**      159 primarie] *om.* **V**      159–160 ens quod
est] quod ens **M**      160 hac] hoc **V**      161 superius] *Vide para. 48 & 51 supra.*
162 contradicens] correspondens **M** || istum] illum **M**      162–163 significatione]
significationem **M**      163 est] *exp.* **V**      164 negativo] necessario *sed exp. et* nega-
tivo *i.m.* **P** || videbitur] *Vide para. 129–136 infra.*      165 sic, et] *om.* **V** || duae
tales] *inv.* **MV**      168 *D*] dicat (?) et *sed in D corr. per ras.* **V** || non sic] *inv.* **M** ||
contradicat] contradicit **V** || *A*] *om.* **MV** || signanda] signandam *sed exp. et* signifi-
canda *add.* **P**      169 contradicit] *corr. ex* contradicat **P** || Probatur] cum **M**
170 consimilibus] terminis *add. sed del.* **V**      170–171 primarie idem] *inv.* **M**
171 significat] *om.* **MV**      172 utraque] et alia *i.m.* **M**      174 est] *sup. lin.* **M**
175 extraneatio] *Vide Latham, p. 182.*      176 vel] et **P** || causam aliam] *inv.* **M**
177 potius contradicit sibi] sibi contradicit potius **M** sibi potius contradicit **V**

178 nullum] non **M** 179 ARISTOTELEM] *Vide forte* Aristotelem, *Anal. Post.*, I, 2, 72a12-15.\* 180 et] *om.* **P** 181 *A*] *om.* **M** 182-183 manifestior] maior **M** 183 inter] ipsas *add.* **P** 185 talia] sic *add. sed del.* **P** 185-186 contradicunt] contradicant **V** 186 illarum] istorum **M** || manifestissima] manifesta **M** 187 istam] illam **M** || 'Deus est'] *i.m.* **P** 188 istam] illam **M** || istorum] principaliter *add.* **V** 189 insolubile] *Vide para. 25 supra.* 190 istud] idem (*forte* illud) **M** 191 patebit] *Vide forte para. 196 infra.* || praedictam] hic *add.* **MV** 192 Uterque] Utrumque **M** || illorum] illarum (?) **P** illorum *scr. orig. sed in* istarum *mut.* **V** 193 primarie significat] *inv.* **M** || mihi] *om.* **MV** 194 duabus] duobus **M** 194-195 fingenda] *abbr. incerta* **PV** 195 una ... dispariter] taliter dispariter una **M** || significat] significet **V** || alia] altera **MV** 196 per idem] *om.* **M** 197 istud] illud **M** 198 ens] *i.m.* **P** || est' significat] *inv. sed cum sign. transp.* **V** || ista] illa **M** 199 est] *om.* **M** || superius] *Vide forte para. 48 supra.* 199-201 ergo ... significatio] *om.* **M** 201 ista] illa **M** 203 probatur sic] *inv.* **MV** 205 sed] et *sed exp. et* sed *sup. lin.* **P** || non] nam **P** || 205-206 sed ... significatum] *i.m.* **M** 206-207 converterentur] convertentur **M** 208 quas] consequens **P** quod **V** || superius] *Id est, prius in hoc para.* 209 illum] istum **V** 210 istum] illum **M** 211 primarie] primaria **P** || significatione] significationem **M** 212 eius] illius **MV** 213 haec] hae **M** 214 discrepent] discrepant **P** || forte verba] *inv.* **M** 215 iuxta] illud *add.* **P** 215-216 ad argumenta] *om.* **V** 216 praefacta] praefata **M** || per] iuxta **M** || ergo] igitur **M** || opinio prima] *inv.* **MV**. *Vide para. 55 supra.* 218 praepositam] toti *add.* **M** || circumlocutionem] circulocutionem **M** || et] *om.* **M** 219 oppositi] *om.* **M** || circumlocutionem] circulocutionem **M** 220 synonymis] similibus **M** 221 licet] *conf. sed eras. et* licet *i.m.* **V** || possit] posset **M** 222 argumentum] *Vide para. 52 supra.* || huius in oppositum] in oppositum huius **MV** 224 primarie] primaria **V** || significatione] significationem **M** 225 *A*] *C sup. lin.* **M** 226 confirmans] *Vide para. 53 supra.* 227 idem] illud **M** || ad] *om.* **M** 229 idem] illud **M** || ista] illa **M** 231 significat] significant **P** 232 dei] *om.* **M** 233 argumentum] *om.* **MV**. *Vide para. 54 supra.* 234 declaratur] *Vide para. 55 supra.* 235 argumentum] *Vide para. 56 supra.* 236 ad] *om.* **M** 237 factum] *om.* **MV** 238 confirmationem] *Vide para. 57 supra.* 239 significabit] significat **M** 240 primarie idem] *inv.* **V** || idem] illud **M** 241 significabile] quantum *add.* **MV** || ista] illa **MV** 242 significant] significat **PV** || idem] illud **M** 244 argumento] *Vide para. 58-60 supra.* 245 dicta] data **M** 246 fixtum] fixum **M** 247 demonstratur] denominatur **V** 248 alio] aliquo **M** 251 huius] illius **M** 252 sicut] *om.* **MV** || ista] illa **M** 253 istae] illae **M** exclusivae *add. sed exp.* **P** 254 ista] illa **M** 256 sic] si **P** || ista] illa **M** 257 Hoc significat] habet significatum **P** sic significat **V**\* 258 se] *sup. lin.* **M** || significatione] significationem **M** 259 contradictoriarum] *abbr. ambig.* **P** || est] erit **V** 262 ista] illa **M** 263 ista] illa **MV** || assignata] *A* significat **P** asignata **V** || opposito] modo posito **P** 265 negativa] *om.* **P** 266 copulis] *abbr. corrupta* (compositis ?) **M** et cetera *add.* **M** 267 Et] *om.* **M** 268 ista] illa **MV** 269 non] *om.* **P** 270 suum oppositum] *inv.* **M** || sic] si **P** 271 affirmativam] affirmativum **M** 272 haec] hoc **MV** 273 et cetera] *om.* **M** 274 responsio] ponens *add. sed del.* **V** || ac] at

**M**      274–275 responsio] *Vide para. 61 supra.*      275 dare] dari **MV**      276–277 placentior] ad primum *add. sed del.* **P**      278 argumentum] *Vide para. 62–63 supra.*
279 nota] notandum **MV**      281 *C*] se **M** ǁ *C* (2)] se **M** ǁ significare] potest
*add. sed exp.* **V**      282 *C*] se **M**      283 quod] *om.* **P** ǁ eius extremo] *i.m.* **P**
285 Istam] Illam **M** ǁ dependet] dependentem **P**      286 illum] *om.* **V** ǁ tuum
(2)] *om.* **M**      288 praedictum] scilicet, dependentem propter oppositionem inclusam *add. i.m.* **V**      289 limitantem] limitantam (!) termino **M** ǁ *D*] secundum
*add. sed del.* **P**      291 secundum] *Vide para. 64 supra.*      292 idem] illud **M**
293 significatur] significat **PV**      294 dictum illud] *inv.* **M** ǁ intellexerit] *abbr.*
*corrupta* **M**      297 sic] *i.m.* **V**      298 simul vera] *inv. sed cum sig. transp.* **P** ǁ oppositione] propositione **P**      300 tertium] *Vide para. 65 supra.* ǁ posito] quod *add.*
**M**      301 in] *om.* **M** ǁ insolubili] incluso *add. sed del.* **V** ǁ negativo] negative (?)
**P**      302 illi] isti **M**      303 sic] *om.* **P**      305 ista] illa **M** ǁ istorum] illorum **M**
307 quartum] *Vide para. 66 supra.*      309 illa] *sup. lin.* **P** ǁ istum] illum **M**
312 sit] sunt **M** ǁ ipsius] illius **V**      312–313 ciusdem] eius **M** tamen diversimode
conceptum, quia in una negative et in alia affirmative *add. i.m.* **V**      313 negativae] negatae **M**      313–314 primarium] primariu⟨m (?)⟩ **M**      314 istius] illius
**M** ǁ alia] aliqua **M**      315 processu] *Vide para. 129–136 infra.*      317 significatum] signi⟨ficatum (?)⟩ **M** ǁ id] illud **M** idem **V**      319 primarium] primariu⟨m
(?)⟩ **M**      320 negativae] negativa **M** ǁ contradictoria] non *add. sed del.* **P** ǁ quod]
*iter. sed primum exp.* **V**      322 affirmativae] *om.* **M** *i.m.* **V**      323 significatio]
significa⟨tio (?)⟩ **M** ǁ et cetera] *om.* **MV**

## Book III, Ch. 1 (para. 81–96)

4 Istis] rudumentis *add.* **M** Quintum capitulum *add. i.m.* **M**      5 consequenter]
est *add.* **P** *lect. incerta* **V.** ǁ consequenter dicendum] *Thomson, "Unnoticed MSS," p.
143 legit* commovendum. ǁ Ponatur] Ponitur ergo **M** ergo *add. sup. lin.* **V**
7 significet primarie] *inv.* **MV**      8 vel] an **M** ǁ Et si sic] si sic et **MV**      12 propositionem] *om.* **MV** ǁ principaliter dicit] *inv.* **M** ǁ istam propositionem] illam
**M**      13 ipsa] illa **MV**      13–14 primarie significat] *inv. et sic add.* **V**      14 in]
*om.* **M**      16 **Praedicamentis**] Aristoteles, *Categoriae*, 5, 4b8–10.      17 dicitur]
dicatur **M** ǁ ista] illa **M** ǁ esset] est **MV** ǁ ista . . . vera] *i.m.* **P**      18 dicit]
verum *add. sed exp.* **P** ǁ ita] illa **M**      19 redeunt] redunt **M**      20 Sortes] *sup.
lin.* **V**      21 independenti] independenter **M**      22 veri] verae **M**      23 falsi] falsae
**M** *Vide para. 10–24 supra.* ǁ ipsa] tunc *add.* **M** ǁ sicut] *sup. lin.* **M**      24 significato primario] *inv.* **M**      24–25 independenti] Sed Sortes *add. sup. lin.* **V**
25 Dicit] Dicitur **M** ǁ isto verum] illo quod illa propositio est vera **M**      29 ista]
illa **M** ǁ dicto] dictio **M** dico **P**      30 communiter] *i.m.* **P** ǁ falso] communi (?)
*add. i.m.* **P**      32 ponatur] ponitur **M** ǁ ipso] ipsa **M**      33 sit] sint **M**      34 admittatur] admittitur **MV** ǁ Et] Etiam **M**      35 an] *abbr. incerta add. sup. lin.* **P**
36 quod] in **P** ǁ additis] *lect. incerta* **P**      37 significat] significet **V**      38 dicere]
*i.m.* **V**      39 sicut] non *add. sed exp.* **P**      40 istam] illam **M**      41 ipsa] illa **MV**
43 ipse] Sortes **V**      44 non] *sup. lin.* **M** ǁ istam] illam **M** ǁ ergo] solum *add.
sed del.* **V** ǁ ista] ita **M**      47–48 Sed . . . est] *i.m.* **V**      48 istud] illud **M**

49 primarie] *i.m.* **P**     49–50 significat primarie] *inv.* **MV**     53 Nam] *om. sed*
n- *scr. i.m. sine signo insertionis* **M** n- *add. sed del.* **V**     54 significat primarie] *inv.*
**MV**     56 sicut] *om.* **M**     57 significat] sicut *add.* **M**     58 ista] ita **M**
62 primarie] *om.* **M** *i.m.* **V**     63 primarie significat] *inv.* **M**     67 quia] quod
**P**     68–69 secundarie] secundario **V**     70 significat] *sup. lin.* **P** || quod] *om.*
**P**     71 ista] illa **M** || affirmativa] negativa **P**     72–73 quae . . . cuius] *i.m. inf.*
*et* cuius *iter. in textu* **P**     73–74 primaria significatio] *inv.* **MV**     75 argumen-
tum] *Vide para. 86 supra.*     76 ulterius] prius **M**     77 istud] illud **M** || significat
primarie] *inv.* **M**     78 Sortes] *sup. lin.* **M**     79 primaria] *om.* **V** || primaria
significatio] *inv.* **M**     81 Sortes] *forte sup. lin.* **M**     82 significatum primarium]
*inv.* **MV**     86 quaeritur] quaeratur **M**     87 quod] *om.* **P**     89 consequentiae]
valeant *add. sed exp.* **V** || aut] *om.* **V** || adaptare] aptare **M** ad aptare **V**     90 ali-
ter] aut **M** || sensu] sensum **P**     91 ita] *om.* **V** || quod vel] *inv.* **M** || concluda-
tur] concluditur **M**     93 sensui praemissarum] *inv.* **M**     94 taliter] simpliciter
**V** || significat] significet **MV**     95 est] esset **M**     96 secundum] *om.* **P** ||
argumentum] *om.* **MV.** *Vide para. 87 supra.* || quod] *om.* **M**     97 dandis] *Vide*
*para. 55 supra.* || istius] illius **M**     98 ista] ita **M**     100 opinionem aliam] *inv.*
**MV.** *Vide para. 61 supra.*     104 ipsa] ita **M** illa **V**     106 non] *sup. lin.* **M** || illa]
ita **M**     111 ipsa] illa **M**     112 isto] illo **M** || haec] *om.* **M**     113 plura] *lineam*
*verticalem add.* **M** || Alio] Secundo **M**     114 primarie independenter] *inv.* **M**
115 ipsa] illa **M**     116 nec] nisi **M**     117 insolubilia] in sensus solubilia *sed* sen-
sus *exp.* **P**     119 modo tamen] *inv.* **MV**     120 cum] tamen **V** || isto] illo **M**
122 isto] illo **M** || posterius] *Vide para. 108, 124, 152–153 infra.*     123 dicitur]
*om.* **M**     123–124 argumenti] *Vide para. 87 supra.*     124 ista] illa **M** || falsa]
vera **MP** || propositionem] propositio **M**     126 qua] quam **MV** || demonstraret]
debeat **M** demonstrat **V**     127 fore] esse **MV** || demonstratur] debetur **M**
demonstretur **V**     128 demonstratur] debetur **M** demonstretur **V**     129 alia]
aliqua **M** || transitive] transitiva **M**     133 quaeratur] quaeritur **M** || quare] *i.m.*
*inf.* **V** || significat . . . dispariter] taliter dispariter significat **M**     134 ea] eo **M**
135 falsidictio] falsedictio **P**     136 ipso] ipsa **M**     137 significat] significet **P**
138 istam] illam **M**     139 quod] ipse *add. sed exp.* **V**     140 est] *om.* **M**
141 dicendum] respondendum **MV**     141–142 est falsum] *inv.* **P**     143 istam]
illam **M** || positis] *Vide para. 25 supra.*     144 communiter in utraque sumatur]
in utraque sumatur communiter **MV**     145–146 et . . . secundo modo] et tertio,
tunc ipsa insolubilia sunt (sunt] *iter.* **V**) vera. Si tamen (Si tamen] Sed si **V**)
sumatur pro falso secundo modo **M** *i.m.* **V**     148 de istis] *om.* **M**     149 prin-
cipali] *Vide para. 81–82 supra.* || insolubile est] *inv.* **MV**     150 reduci posset]
possit reduci **M** reduci possit **V**     151 negativum] necessarium *sed* negativum
*i.m.* **P**     152 videtur] est primitus **M**

## Book III, Ch. 2 (para. 97–111)

2 Pono] Ponitur igitur *et* Sextum capitulum *add. i.m.* **M** Ponatur *et* ergo *add.*
*sup. lin.* **V** || concipiat] percipiat **P**     3 cum] *Thomson, "Unnoticed MSS," p. 143,*
*legit tamen.*     4 significet] significat **M**     8 ita] est *add. sed del.* **P** || ipse] Sortes

*sed* ipse *sup. lin.* **P**     9 et] *sup. lin.* **P**     10 conceptione] conceptionem **M**
11 ergo . . . est] *om.* **V** (*homoeot.*) || conceptione] conceptionem **M**     13 significat
primarie] *inv.* **M**     14 quod . . . ita] *iter.* **P**     14–15 quod . . . ita] *om.* (*homoeot.*)
**M** *i.m.* **P**     16–17 sed . . . concipit] *om.* **M** (*homoeot.*)     16 a Sorte] antecedens
*i.m.* **V**     19 ista] ita **M**     24 ergo . . . concipit] *i.m.* **V**     25 Patet consequen-
tia] *inv.* **M**     26 ponatur] ponitur **M** || in] cum **MV** || Plato] *P* **P**     27 haec]
scilicet, prolata a Platone *add. sup. lin.* **V**     28 sit] sic *sed* -t *sup. lin.* **P**     29 ista]
illa **M**     31 dicendum] dicitur **M** videtur *sed* dicetur *i.m.* **V**     32 patent istae
deductiones] patens illae seductiones **M** || Nam] et *add.* **P** || sequuntur] sequitur
**P** || istae (2)] illae **M**     33 ista] illa **M**     35 ista] illa **M**     36 tamen] *sup. lin.*
**M** || Quae] Hae **M**     37 cointellectis] intellectis **M** *Vide forte tertiam conditionem,*
*para. 25 supra.*     38 dicitur] dicatur **M** || tales] tale **P**     38–39 contradicit]
alteri *add.* **P**     39 Nam] quia **M**     40 una] prima **M** || et] *om.* **M**     42 ali-
qua] alia **MV**     43 sic una] *inv.* **MV** || contradicet] contradiceret **M** contradicit
**V**     44 significet] significaret **MV** || videtur] est **M**     45 Hic] Huic **MV**
46 ab ipso] *om.* **V** || ab . . . non] non ab ipso *cum sign. transp.* **P** || aliter] *om.* **M**
|| cum] tamen **P**     47 concipere sic] *inv.* **MV** || necessitatus] necessitas **M** ||
aliam] illam non **M** non *add.* **P** non *add. sed exp.* **V**     47–48 concipiendum] con-
cipiendo **M**     48 ob] ex **M**     49 concipiet] concipit **M** conciperet **V** || ipsam]
illam **M** ipsa **P** || significabit] significat **M**     50 ergo] ideo **MV**     50–51 sunt
aliquae] aliae sunt **M** *inv.* **V**     51 sic] *om.* **MV**     52 sine] cum **M**     55 ista]
illa **M**     56 Ita] Illa **M** || conceptione] conceptionem **M**     57 ista] illa **M** ||
Sortes] significat *add.* **M**     59 idem] illud **M** || significatum] *gl. partim illeg., forte*
scilicet, significatum secundum quod vera est subsistentia *add. sup. lin.* **V**
60 Sortes] non *add. sed exp.* **V** || conceptione] conceptionem **M**     61 sit] est *sed*
sit *i.m.* **P**     62 facta] *Vide para. 99 supra.*     63 significat primarie] *inv.* **M**
64 quod (2)] nulla *add.* **M** aliqua *add.* **V** || est (2)] factae *sed exp. et* est *sup. lin.*
**P**     65 quod] *sup. lin.* **V**     66 patet] est **P**     69 confirmationem] *Vide para.*
*100 supra.*     71 Sortis] *sup. lin.* **V**     72 est (2)] *sup. lin.* **V** || concludatur] con-
cluditur **MP**     74 conclusiones] *Vide para. 102 supra.* || sic] *om.* **MV**     75 im-
possibiles aut] *om.* **M** || sonantes] sonan⟨tes (?)⟩ **M**     77 secundum] *Vide para.*
*101 supra.*     78 Sed] Si **M** || in . . . terminis] *i.m.* **V**     79 utrique] id est, a
Sorte et Platone *add. sup. lin.* **V**     80 illi] *De ordine foliorum MS* **M** *vide introduc-*
*tionis sectionem I supra.*     81 idem est] illud sit **M** || utriusque] utriuque **M** || alia]
aliqua **M** scilicet, opposita negativae dictae a Platone *add. i.m.* **V**     82 ergo] *sup.*
*lin.* **M**     83 reliqua] alia **MV**     84 est] dicitur **M** || alia] una **M**     85 quod]
*sup. lin.* **P** || ista] illa **M** || ista (2)] illa **M**     88 isto] illo **M** || significandum]
significando **P**     89 accidentaliter] accepter (!) **M** || accidentaliter (2)] accepter
(!) **M** || ista] illa **M**     90 ipsam] *i.m.* **P**     91 istae] illae **M** || possint] possent
**MP**     92 independentes] *Vide para. 103 supra.*     93 ac] at **M** || taliter . . . sunt]
non sunt taliter **M** || actus] *i.m.* **V**     94 unius] *om.* **P** || super] supra **M**
95 ista] illa **M** || viam] scilicet, secundam de qua supra dictum est *add. sup. lin.*
**V**     96 similibus] consimilibus **M** || insolubilibus] *Vide para. 61 supra.*     97 tenea-
tur] tenetur **M** || alia] id est, prima via, scilicet quae alio modo potest contradicere
propositiones (?) insolubili (?!) *add. sup. lin.* **V** || opinio] *Vide para. 55 supra.*
98 aequipollentia] aequivalentiam **M**     99 ista] illa **M**     104 enim] *lect. incerta*

**P** || ista] illa **M** 105 ista] illa **M** 106 significatione] significationem **M** || utrumque] insolubile *add. sup. lin.* **V** 108 his] istis **M** || duabus] duobus **M** || concipit] super (?) principale *add. sup. lin.* **V** || primarie] principaliter **M** 110 affirmativae] propositiones **M** 111 ista] illa **M** 112 conceptione] conceptionem **M** || sequitur ex impossibili] ex impossibili sequitur *cum sign. transp.* **V** 113 negativa] id est 'Non est ita sicut Sortes concipit' *add. i.m.* **V** 113–115 Et . . . negativa] Et conformiter ex secunda affirmativa quae convertatur cum ista 'Haec propositio significat significatione quae non est' ex impossibili sequitur secunda (*add. abbr. incerta sed del.*) negativa, id est, 'Non est ita sicut haec propositio significat' *i.m.* **V** 114 ista] illa **M** || significatione] conceptionem **M** 116 paululum] palulum *sed in* paululum *corr.* **P** || variatis] vocatis *sed* variatis *sup. lin.* **P**

## Book III, Ch. 3 (para. 112–128)

2 Viso] ⟨Septimum c- (?)⟩apitulum *add. i.m.* **M** || affirmativo] affirmative **P** || se] *Vide para. 81–96.* 3 negativo] negative **P** || in] de **M** || se] *Vide para. 97–111 supra.* 4 affirmativas] *Thomson, "Unnoticed MSS," p. 143, legit* affirmaciones. 5 tertio] modo *add.* **M** || et] *abbr. incerta add. sed eras.* **V** || unam (2)] *om.* **M** 5–6 unam negativam] unas negativas *sed in* unam negativam *corr.* **V** 6 quorum] quarum **V** || patebunt] *Vide para. 113 et 122 (pro primo modo), 118 et 125 (pro secundo modo), 120 et 126 (pro tertio modo).* 7 Unde] patenb- *add. sed exp.* **P** quantum ad primam *add. sup. lin.* **V** || ponatur] ponitur **M** || istae] illae **M** 9 praecise] praecipue *sed in* praecise *corr.* **P** || sicut] ut **MV** || quaero] quaeritur **M** 10 aut] an **M** || ut] sicut **M** 11 ipsum] *iter. sed secundum del.* **V** 11–12 ergo . . . falsum] *i.m.* **V** 13 *A* . . . falsum] quod *A* est falsum **M** 13–14 non . . . primarie] primarie non aliter **M** 14 non] *om.* **M** 15 Quod . . . falsum] *i.m.* **V** || sic] *B add.* **M** || significat primarie] *inv.* **M** 15–16 dependenter] *om.* **M** 18 dependenter] *Vide para. 16 supra.* 19–20 sua significatione] *inv.* **V** 20 quod] *corr. ex* quia **M** || relationem] pertinentem *add.* **M** 21 pertinentem] *om.* **M** 22 istius] ipsius **M** 23 ipsa] ipso **M** 23–24 dependentem] dependet **M** 24 *B*] *sup. lin.* **M** 26 potest] *sup. lin.* **V** 28 ergo] igitur **M** 31 Sed] *om.* **M** || si] *sup. lin.* **V** 32 est (2)] significat *sed exp. et* est *sup. lin.* **V** || falsum] ita *add.* **M** 34 illud] idem **M** || illud *A*] *inv.* **V** || sic] *om.* **V** 35 realiter] *lect. incerta* **V**\* || quod] *scr. orig. sine abbr. sed* -uod *exp. et* q- *in* quod *mut.* **V** || primarie (2)] *om.* **V** 36 *B* primarie] *inv.* **V** 36–37 primarie significat] *inv.* **M** 37 *A*] *sup. lin.* **M** 40 quod] sicut **P** *scr. orig. sine abbr. sed* -uod *exp. et* q- *in* quod *mut.* **V** || significatione] significationem **M** 41 significat significatione] significationem significat **M** || non (2)] *sup. lin.* **V** 42 quod (2)] *corr.* **M** || *B*] significat *add. sed del.* **P** 45 primarie significatione] *inv.* **V** || significatione] significationem **M** 47 ista] illa **M** || casu] eo *add.* **V** || si] *sup. lin.* **V** || falsum] *iter. sed secundum del.* **V** || sumatur] sumitur **M** 48 vel] *sup. lin.* **V** || modo (2)] *om.* **MV** 50 valeret] valet **M** || praefactum] praedictum **V**. *Vide para. 113 supra.* 56 isto] illo **M** 58 significatione] significationem **M** 59 ipsum] *iter. i.m.* **P** || primarie] *om.* **M** 60 ipsis] ipso **M** 61 significatione] significationem **M** 62 significatione] significationem **M** || simpliciter est] *inv.* **MV**

66 significatione] significationem **M**    66–67 et . . . est] *om.* **P** (*homoeot.*)    67 non]
*sup. lin.* **M** ‖ significatione] significationem **M**    68 istae] illo **M** ‖ negativae]
id est 'Hoc non significat primarie (?) sicut est' 'Hoc non significat primarie sicut
est' *add. sup. lin.* **V** ‖ duabus] duobus **MV**    69 verum] alternatim demonstrando, tunc utraque esset falsa *add.* **M** ‖ demonstrando] per *A* ipsum *B*, et e contra
*gl. sup. lin.* **V**    70 istae] illae **M**    72 non] *om.* **M**    74 istis] his **MV** ‖
duabus] duobus **M**    75 significat] significare **M**    76 significans] *i.m.* **V**
77 significatione] significationem **M**    78 significet] significat **MV** ‖ significa-
tione] significationem **M**    80 sicut est] *om.* **P**    82 significatione] significationem **M**    82–83 iste esset] esset ille **M**    83 et conclusio] *sup. lin.* **V** ‖ modo]
modi **P**    84 communiter . . . istud] communiter contra illud solent fieri **M** contra istud communiter solent fieri **V**. *Haec argumenta non inveniuntur in hoc opusculo.*
86 ad] omnia *add.* **M** ‖ argumenta] omnia *add. sup. lin.* **V**. *Vide para. 113–115*
*supra.*    87 ultimum] *Vide para. 116 supra.*    88 nisi . . . vocaliter] *om.* **M**
89 *B*] *A* **P** ‖ significat significatione] significationem significat **M**    91 tamen]
*iter. sup. lin.* **P** ‖ casu] *A* scilicet *add. sed exp.* **P** ‖ posito] *Vide para. 113 supra.*
92 quod] primarie *add.* **M**    93 hac] hoc *sed del. et* hac *i.m.* **V** ‖ significat pri-
marie] *inv.* **MV** ‖ significatione] significationem **M** *i.m.* **P**    94 est] *sup. lin.* **V**
‖ isto] illo **M** ‖ harum] *om.* **M**    95 significatione] significationem **M**    97 significat primarie] *inv.* **MV** ‖ ipsummet] -met *sup. lin.* **V**    99 ultimum] *Vide para.*
*116 supra.* ‖ in sententia] *om.* **M** ‖ significat] significet **M**    101 si] *i.m.* **V** ‖
non] esse *add.* **P** ‖ significatione] significationem **M** ‖ non (2)] significat *add. sed*
*del.* **P**    106 dependenter] *Vide para. 114 supra.*    108 praedicitur] *Vide para. 8,*
*16 & 92 supra.*    109 isto] illo **M**    111 positis] *i.m.* **V**    112 primo] *Vide*
*para. 8 & 16 supra, et introductionis sect. IV.*    113 isto] illo **M** ‖ modo ultimo]
*inv.* **MV**    114 significat primarie] *inv.* **MV**    114–115 significat primarie] *inv.*
**M**    116 quod] *scr. orig. sine abbr. sed* -uod *eras. et* q- *in* quod *mut.* **V**    118 duae
tales] *inv.* **MV** ‖ negativae] *om.* **P**    121 entia] essentia **M** ‖ tamen] autem **V**
‖ sumatur] pro vero *add.* **M**    122 *E*] *i.m.* **V**    123 significat primarie] *inv.*
**MV**    124 sic] haec (?) *add. sed del.* **P**    125 quod] *scr. orig. sine abbr. sed* -uod
*eras. et* q- *in abbr. mut.* **V**    127 *G*] illud **M** ‖ idem] illud **M** ‖ *G* (2)] significat
*add. sed del.* **V** ‖ *E*] *om.* **M**    129 significare] significat **M** ‖ est (2)] *om.* **M**
‖verificat] falsificat **M**    130 ista] illa **M** ‖ est] *sup. lin.* **P**    131 istae] illae
**M**    132 affirmativis] affirmativa **M** ‖ est] *i.m.* **V** ‖ est principalis] principaliter **M** ‖ sermo] facta sit *add.* **M** *Vide para. 122 supra.*    133 Facta] sit *add.* **M**
‖ falsi] *I.e., ad secundum modum.*    134 Hoc] Haec **M** ‖ Hoc (2)] Haec **M**
136 quod] *scr. orig. sine abbr. sed* -uod *eras. et* q- *in* quod *mut.* **V**    137 primarie]
sicut *add.* **M** ‖ est] *sup. lin.* **V** ‖ ipsam] ipsammet **M**    139 convertibiliter] *om.*
**M**    142 significet] ipsam *add.* **MV** ‖ negativam] primarie *add.* **M**    143–144 ip-
samet] ipsam **M**    144 argumenta] argumentum **M** ‖ oppositum] *Haec argumen-*
*ta non inveniuntur in hoc opusculo.*    145 negativi] negativae **M**    146 viam] secundam *add. sup. lin.* **V**    148 inintelligibiles] intelligibiles **M**    149 melior] Et
*add.* **MV**    151 concedenda] concedendum **M** ‖ pro] per **P**    152 sufficiant]
sufficiunt **M** ‖ illis] aliis **M**    152–153 transitive . . . declarandum] *i.m. inf.*
**P**    153 aliqualiter] aliter **M**

## Book III, Ch. 4 (para. 129–136)

2 ista] illa **M** || Haec] *in* hoc *mut.* **V**     4 praecise] praecipue *sed in* praecise
*corr. sup. lin.* **P** || sicut] ut **MV** || quaero] *Thomson, "Unnoticed MSS," p. 143, legit*
queso.     6 significat primarie] *inv.* **M** *Vide notam immediate sequentem.*     6–7 et
. . . est] *i.m.* **V** *Vide notam immediate praecedentem.*     8 hoc] *I.e., A.* || et . . . est]
*om.* (*homoeot.*) **M**     10 opponuntur] *term. incerta* **P** || idem simul] *inv.* **V**     13 ip-
sum] *om.* **M**     14 contradictoriarum] contradictoriorum **M** *term. incerta* **V**
15 Primo . . . hoc] Per hoc primo **M** || si] *sup. lin.* **V**     17 primarie significat]
*inv.* **M**     22 ipsa] *om.* **V**     23 reciproce] reciproc⟨e (?)⟩ **M**     24 significans]
*om.* **P** || falsa] *Vide para. 105 supra.* || ista] illa **M** || ergo . . . falsa] *om.* **P** (*ho-
moeot.*)     25 affirmativa] affir⟨mativa (?)⟩ **M**     26 significet] affir⟨mative (?)⟩
*add.* **M**     30 verum] illud *sed exp.* **P** || nisi . . . ipsam] *iter. sed primum exp.* **V** ||
ipsam] ipsa⟨m (?)⟩ **M**     32 se ipsam] *iter.* **V** || dicit] *abbr. illeg. add. sed forte del.*
**P**     33 falsa] *om.* **M** || negativum] negati⟨vum (?)⟩ **M**     34 tale] *iter. sed secun-
dum exp.* **M**     35 significat primarie] *inv.* **MV**     35–36 et . . . est] *i.m.* **V**
36 ergo] haec *add.* **M**     37 vera] *Vide para. 130 supra.* || enim argumentum] *om.*
**P**     40 negativa] negativum **M** || reducitur] *om.* **V**     42 hoc] haec **M** || Haec]
Hoc **V** || non (2)] est *add. sed exp.* **P**     43 se] ipsa *add.* **M** || una] un⟨a (?)⟩ **M**
|| aequivalet] aequipollet **M**     44 demonstrata] demonstrato **M**     45 cum] *om.*
**M** || contradictorium] alicuius *add.* **M**     46 per . . . praepositam] praeponere
negationem **M** || hoc] haec **M**     47 demonstrata] demonstrato **M**     48 falsifi-
cat] falsificet **M**     49 propter] per *sed exp. et* propter *i.m.* **V**     51 dare verius]
*inv.* **MV**     52 Unde] *abbr. illeg. add. sed del.* **P** || negativa] **M** *omittit totum hinc
usque ad para. 191* (viam quae ponit).     55 negativam] *Cum hac prima responsione,
confer opinionem supra, para. 55.*     58 significet] significat **V**     65 significat] *sup.
lin.* **V**     66 significat (2)] pri- (?) *add. sed del.* **P**     67 factum] *Vide para. 129
supra.*     68 primarie convertibiliter] *inv.* **V**     70 primarie significatione] *inv.*
**P**     72 sic] sicut **V**     74 concedenda] *Cum hac secunda responsione, confer opinionem
supra, para. 61.*     75 quia . . . eadem] et cetera **P**. *Vide para. 67 supra.*

## Book III, Ch. 5 (para. 137–158)

4 ex] *sup. lin. et iter. i.m. superius* **P**     7 A illa] *inv.* **V**     10 sic] si **P** ||
significatum primarium] *inv.* **V**     12 ipsam] *corr. ex* ipsum **V**     13 ipsum] ipsam
**P**     13–14 sed . . . extra *A*] *i.m. inf.* **V**     15 est] q- *add. sed del.* **P**     19–20 pri-
marie] primarium **P**     23 sic] *iter.* **P**     26 sic] *om.* **V**     27 est] *sup. lin.* **V**
29 sic] *iter.* **P**     42 est] *om.* **P**     54 significatio] non *add.* **P** || ergo] *G add. sup.
lin.* **V**     56 cum *om.* **V**     61 Patet] ista *add.* **V**     63 sicut . . . primarie] *i.m.*
**V**     70 ultimum] *Vide para. 141–142.*     71 ipsam] ipsum **V**     72 ipsam]
ipsum **V**     74 est] *exp.* **P**. *Vide para. 137 supra.*     79 secundum] *Vide para. 138
supra.*     80 B] *sup. lin.* **V**     84–85 Immo . . . extra *A*] *i.m. inf.* **V** || Immo . . .
quando] *i.m. superius·* **P** *et* et quando *iter. in textu* **P**     88–89 consequentia] consequentiam **V**     92 significaret] significet **P**     94 significans] *i.m.* **P**     96 non]
*om.* **P**     97 tertii] *Vide para. 139 supra.* || quod] *om.* **P**     98 et] *om.* **P**     99 sig-

nificata sua] *inv.* **V**     101 sumitur] suitur (?) **P**     101–102 modo enim] *inv.* **V**
102 volitio] volutio **V** || tale] *sup. lin.* **P** || talem rem] *inv.* **V**     103 dummodo]
*abbr. ambig. in textu sed* dummodo *i.m.* **P** || volitio] volutio **V**     106 fit] *om.* **P**
*sup. lin.* **V** || sermo] *Vide para. 137 supra.*     107 Secundo] Tertio **P** || volitio]
volito **P** volutio **V** || res talis] *inv.* **V**     108 dummodo] *abbr. ambig. in textu*
*sed* dum *sup. lin.* **P**     110 praeassumpta] *Vide para. 137 supra.*     112 lapidem]
si *add. sed del.* **V**     114 lapis] non minus *add. sed exp.* **V**     116 non] sic *add.*
**V**     117 ordinatio facta] *inv.* **V**     118 tale] signum *add.* **V**     119 illud inso-
lubile] *inv.* **V**. *Vide para. 137 supra.*     120–121 modo tamen] *inv.* **V**     121 modo]
*om.* **V**     122 quod] *om.* **P** || argumenti] *Vide para. 139 supra.*     123 idem]
illud **V** insolubile *add. sed exp.* **P** || in sensu] tale **P**     124 demonstraretur] de-
monstratur **V**     126 argumenti] *Vide para. 140 supra.*     127 praedicitur] *Vide*
*para. 92, et etiam para. 124, supra.*     128 causatum] causatur **P**     129 indepen-
denter] et cetera *add.* **V**     135 omnis] tunc **P** || se] *om.* **P**     135–136 includit
. . . significatione] in sua significatione includit **V**     137 est] *sup. lin.* **V**     141 ne-
gativa] *Vide para. 137 supra.* || Dicitur . . . independenter] *i.m.* **V** *Vide notam im-*
*mediate sequentem.* || independenter] dependenter *sed* im- *sup. lin.* **V**. *Vide notam im-*
*mediate praecedentem.*     144 illud] *Vide para. 140 supra.*     147 positas] *Vide para.*
*16 et introductionis sect. IV supra. Vide etiam para. 124 supra.*     150 adductas] ad-
iunctas **P**. *Vide para. 137 supra.* || Prima] id est 'Non est ita sicut haec propositio
significat ex institutione' *add. i.m.* **V** ||veritatem] veritas **PV**     153 Secunda]
*sup. lin. et* verbi gratia 'Haec propositio non significat primarie ens ab ipsa in-
dependens' *gl. i.m.* **V** || tertia] 'Haec non est vera tertio modo' *gl. i.m.* **V**
161 independens] ergo *add.* **V**     162 quod] *om.* **V**     165 falsum secundo modo]
secundo modo falsum **PV** *sed cum sign. transp.* **V**     168 sic] *I.e., secundo modo.*
170 significent] significant **P** || primarie] *iter.* **P**     171 secundo . . . tertio] *om.*
**P**     173 se] *om.* **P**     175 vel] et **V**     176 modo (2)] *om.* **V**     183 dicitur] *Vide*
*para. 155 supra.* || sic] sicut **P**     186 doctum] dictum *sed* doctum *add. post textum*
*para. in manu alia* **V** || et cetera] *om.* **V**

## Book III, Ch. 6 (para. 159–196)

     3 scita] est *add. sed exp.* **V** || te] est *add. sed exp.* **P**     5 quam] iam *add.* **P**.
*Vide para. 190 infra.* || per] istam *add.* **P**. *Vide para. 190 infra.*     6 vel] et **V**
7 Hoc] *I.e., utrumque istarum. Vide para. 191 infra.\**     18 sic] sicut **P** *i.m.* **V** || est]
sit **V**     19 praefacta] praefata **V**. *Vide para. 160 supra in fine.*     21 significat]
non *add.* **PV** *sed exp.* **V**     23 modo] *om.* **V** || modo (2)] ergo sicut illa primarie
*add. sed exp.* **V**     24 Haec] Hoc **V**     26 concedatur] conceditur **V**     27 fac-
tum] *Vide para. 160 supra in fine.*     29 Bene] Unde *sed* bene *scr. sup. lin.* **P** ||
ita] *sup. lin.* **V**     30 primarie significatione] *inv.* **V**     31 ista] ita **P** scilicet,
'Omnis propositio est falsa' *gl. sup. lin.* **V**     33 non] *om.* **P**     34 partes] sint
*add.* **P**     35 est negandus] *inv.* **V**     37–38 praedicitur] *Vide para. 163 supra.*
42 quod] haec *add.* **V**     43 universalis] *iter.* **P**     45 est] *abbr. illeg. add. (?) sup.*
*lin.* **P**     48 significat] *abbr. illeg. in textu sed corr. in* significat *i.m.* **V** || significat
primarie] *inv.* **V**     49–50 convertibiliter significaret] *inv.* **V**     55 sic tunc] *inv.*

**V** 56 convertibiliter] *iter.* **P** 57 significat primarie] *inv.* **V** 58 sic . . . tunc] *iter.* **V** 59 primarie significare] *inv.* **V** || significari] significare **V** 60–61 primarie significat] *inv.* **V** 61–62 eo . . . est] *i.m.* **V\*** 63 concedo] *om.* **V** 64 significat (2)] et *add. sed del.* **V** 66 significatum eius] *inv.* **V** 68–69 significatum] *sup. lin.* **V** 70 est (2)] *sup. lin.* **P** 71 quodammodo] quoddam modo **V** || proposito] *I.e., in 'Omnis propositio est falsa' in para. 165.* 72 causantia] cassantia *et* casantia *add. i.m.* **P** 75 propositiones plures] *inv.* **V** 76 nec] *om.* **V** 78 quia] sicut *add. sed exp.* **V** 80–81 affirma⟨re⟩tur] *Pro emendatione vide* negaretur *paulo infra.* 81–82 et . . . significatio] *om.* **V** (*homoeot.*) 83 adductas] *term. incerta (forte* adductis) **V** *Vide para. 159 supra. Sed tres propositiones ibi adducuntur.* 84 significaret] significet **V** 86 sequeretur] sequitur **V** 89 mihi] *sup. lin.* **V** 90 sit] est **V** 91 pro tempore] per tempus **V** || tamen] *sup. lin.* **V** || eam] illam **V** 92 aliter] *om.* **V** 92–93 propositione] propositionem **P** 94 mihi videtur] *inv.* **V** 95–97 quod illa . . . credere] *om.* **P** 98 Sic] sicut **P** 99 quod] tunc (?) *add. sup. lin.* **V** || ipsum] *om.* **V** || credere] quod illa sic significat (significat sic *sed cum sign. transp.*). Quod patet ex hoc quod dicit quod possibile est ipsum credere *add.* **P** 99–100 credere . . . sic] *i.m. cum abbr. illeg. (forte eras.) in textu* **V** 100–101 sine . . . te] *om.* **V** 102 est temporaliter] *inv.* **V** 104 pono] sup- *add. sup. lin.* **V** 105 conclusio] *Para. 170–172 videntur corrupta esse.* 107 ex parte] *om.* **P** || tui] *abbr. illeg. sed* tui *add. sup. lin.* **P** 108 credibilis] incredibilis **V** || quod] *iter. sed primum forte del.* **P** 109 te sic] *inv. sed cum sign. transp.* **V** 110 quod (2)] *iter.* **P** 111 esset] esse **PV** *sed corr. in* esset **V** 112 prius] *Vide para. 159 supra.* 114 hanc] propositionem *add. sed del.* **V** 119 consequentis] stare *add.* **V** 121 variatis] veritatis *sed* variatis *sup. lin.* **P** 122 relinquitur] causam *add. sed exp.* **P** omnis *add. sed del.* **V** || eadem difficultas] *inv.* **V** 123 scita] visa **P** 127 et cetera] *om.* **V** 129 est] esse **V** || vera (2)] *om.* **P** || eam] illam **V** 130 significare] *forte intellegendum est* significando\* 132 propositionem] fieri *add. sed del.* **V** 134–136 existens . . . adaequate] *i.m. et* -aequate *iter. in textu* **P** 136–137 ubique] utrobique **V** 139 responsio] *Vide para. 169 supra in fine.* || tertiam] *Vide para. 4 supra.* 140 cum] nullum *add.* **P** nullum *add. i.m.* **V** 141 demonstrationem] omne *add. sed exp.* **P** 142 demonstrare] q *add. sed del.* **P** Quae enim ratio: quod chimeram et omne intellegibile praeter hoc possum hoc pronomine demonstrare. Argumentum hoc supponit istam propositionem esse scriptam aut vocalem. *add.* **PV**. *Haec verba videntur transposita esse ex fine para. 180 infra.\** 145 haec] *sup. lin.* **V** || est] *sup. lin.* **V** 146 est] *om.* **P** || pars, ergo] *inv. sed cum sign. transp.* **P** 146–147 ergo . . . pronomen] *i.m.* **V** 148–150 Quae . . . vocalem] *om.* **PV**. *Haec verba videntur transponenda esse hic ex fine para. 179 supra.\** 151 dicit] *sup. lin.* **P** 153 propositio] *I.e., 'Quaelibet propositio scita a te est aliqua istarum'. Vide para. 159 supra.* 154 Vel] *i.m.* **V** || idem] in *add.* **P** 155 est] *om.* **P** || falsificaretur] verificaretur *sed et* falsificaretur (*abbreviatum, sed* -als- *scr. sine abbr. sup. lin.*) *i.m.* **V** 156–157 communiter] communis (?) *sed* communiter *sup. lin.* **V** 157 datam] *Vide para. 30 supra.* 160 proportionaliter] quod *add. sed del.* **V** 161 vera] *Vide para. 10–12 supra.* 162 scire] sciri **V** || enim] modo *add.* **P** || quia] quod **P** 163 quia] per **P** propter *sed* quia *add. sup. lin.* **V** 164 independens] sunt (?) *add. sed del.* **P** 165 quia] quando *sed* quia *sup. lin.* **V**

166 vero] *abbr. ambig. sed* vero *sup. lin.* **V**    170 principio] *Vide para. 43–46 supra.*    173 gratia] secunda (?) *sed del. et* gratia *i.m.* **V**    176 ista] illa **V** 178 cognoscitur] et (?) *add.* **V** || significatum huius] *inv.* **PV** *sed cum sign. transp.* **V**    180 ipsa] *forte in* ipsam *mut.* **P**    182 Nam] Ideo (? *forte* Non) **P** || cognitio] significatio *sed del. et* cognitio *i.m.* **V**    184 sicut] haec propositio *add.* **V** 189 est] **V** *omisit totum hinc usque ad medium para. 194* (istorum significat primarie sicut est'. Bene).    195 modo] *i.m.* **P**    196 aut] quod (?) *add. sed del.* **P** 200 proprie] *I.e., secundo modo. Vide para. 85–89 supra.*    205 Bene] Unde *sed corr.* in Bene **P**    209 ista] *I.e., 'Quaelibet propositio scita a te est aliqua istarum' ut in para. 159 supra.* || haec] sit *add. sed del.* **P** || a me] *lect. incerta* **P**    211 talis] signifi*add. sed del.* **P**    219 aliqua] alia **P**    221 aliqua] alia **P**    226 dependentes] dependenter **P**    233 scies] *Vide para. 159 supra.*    234 dummodo] *abbr. incerta in textu sed* dummodo *i.m.* **P**    235 visum] John Wyclif, *Logicae continuatio,* tract. III, Ca. 8, Dziewicki, ed., *Tractatus de logica,* vol. II, pp. 209.24–215.29. 236 exemplo] *Vide para. 159 supra.* || erit haec negativa (*para. 135 supra*) . . . iuxta] *om.* **M** *De ordine foliorum MS* **M** *vide introductionis sectionem I supra.*    238 toti] *Vide para. 56 supra.* || istorum] illorum **M**    239 praeassumptae] praeassumpti **M** 239–240 propositionem] *om.* **M**    243 istorum] illorum **M**    246 tamen . . . propositio] proponitur propositio tamen **M**    247 concedendum] concedenda **M**    248 iuxta] hanc *add.* **M**    250 et *om.* **M**    253 significat] sic **M**    254 istorum] illorum **M** || significatione] significationem **M**    254–255 Tamen alia] *inv.* **M**    256 istorum] illorum **M** || hanc] illam **M**    257 B] *I.e., negativa quae opponitur universali affirmativae.*    258 sicut] sic **M**    260 significatione] significationem **M**    261–262 contradicendo sensui] contradictorio sensu **M**    262 istorum] illorum **M** || primarie] sicut est *add.* **M**    263 significatione] significationem **M** || Alia] Secunda **M**    266 sic] *sup. lin.* **P**    266–267 significet dispariter] *inv.* **M**    268 propositione] propositionem **P** || quia] quod **M**    270 oppositionem] oppositum **M**    270–271 extrinsecus] extrinsecum **M**    271 pertinens] partis **M**    272–273 istorum] illorum **M**    273 primarie significet] *inv.* **M**    273–274 primarie significat] *inv.* **M**    274 istorum] illorum **M** || primarie signficat] *inv.* **M**    275 negativum] necessarium *add. sed exp.* **P**    276 non] significat *add. sed del.* **P** || istorum] illorum **M**    277 istorum] illorum **M** 278 significat significatione] significationem significat **M**    280 istorum] illorum **M**    282 illa] ipsa **M**    283 istorum] illorum **M**    284 sic haec negativa (*para. 185 supra*) . . . utrumque] *om.* **V** || istorum] illorum **M**    285–286 sicut . . . primarie] *om.* **P** (*homoeot.*)    285 istorum] illorum **M** || significat] significaret **M** || primarie] *om.* **M**    287 alia] *abbr. illeg. add. sed eras.* **V** || universali] insolubili **M** || procederet] procedit **M** || argumentum, sed] *om.* **M**    288 quod] ipsa *add.* **M** || esset (2)] esse *sed del. et* esset *sup. lin.* **V**    289 Ista] Illa **M** 291 istorum] illorum **M**    293 istorum] illorum **M** || significat primarie] *inv.* **M**    294 posito] *Vide para. 159 supra.* || conformiter] est *add.* **MV**    295 istorum] illorum **M**    296 cetera] *om.* **M** || quod] *sup. lin.* **P**    297 istorum] illorum **M** illorum *sed in* istorum *mut.* **V** || propositionem] pro omni **M**    299 istorum] illorum **M**    300 ista] illa **M** || sufficiant] sufficiunt **M**    300–301 insolubili universali] *inv.* **V**    301 universali] *om.* **M**

## Book III, Ch. 7 (para. 197-200)

2 Consequens] Undecimum capitulum *add. i.m.* **M** || universali] affirmativo *add. sed del.* **V**     5 Ponatur] Ponitur **V**     6 primarie] *i.m.* **V**     7 est] *sup. lin.* **P**     9 ob] ex **M**     11 Igitur] Ideo **M** || dicit] dicat **M**     12 et illa] nulla *sed et illa sup. lin.* **P**     13 sit] sic **M** || quae] *om.* **M**     13-14 significat primarie] *inv.* **V**     14 ita] ista **P** || a] *sup. lin.* **M**     15 significat] significet **M** || dicta a Sorte] ab ipso dicta **M**     16 a Sorte] *om.* **P**     17 significando] s *add. sed del.* **V** || vera] *sup. lin.* **V**     18 Hic] Huic **MV** || admittendo] ad *add. sed del. et exp.* **V** || si] cum **M** sic **P**     19 dicitur] conceditur **M** || ita] ista **P**     22 ista] illa **M**     23 significatione] significationem **M**     28 cum] non *add.* **M** || significaret] significet **V**     29 dictio] dicta **P** *iter. sine abbr.* **V** || Sortis] a Sorte **P**     30 alias] illas **M**     31 exemplis] *Vide para. 197 supra.*     32 significaret] significet **MV**     34-35 huiusmodi propositio] *inv.* **M**     35 significatione] significationem **M** || sumatur] sumitur **M**     37 secunda] secundo **M**     39 significatione] significationem **M**     40 patet quod] *om.* **V** || se] Et *add.* **M**     41 Sic] Sicut et **M**     42 significaret independenter] *inv.* **M** || quia] quod **M**     43 loco] *sup. lin.* **V**     44 insolubilibus] universalibus *add.* **M** || negativis] sicut in insolubilibus singularibus aut particularibus negativis *add.* **M**     45 est] *Vide para. 185-196 supra.* || istis] illis **M** || et cetera] *om.* **M**

## Book III, Ch. 8 (para. 201-214)

2 Sequitur] Duodecimum capitulum *add. i.m.* **M**     5 Tantum] *Thomson, "Unnoticed MSS," p. 144, legit* omne. || ista] illa **M** || Tantum (2)] *Thomson, "Unnoticed MSS," p. 144, legit* omne.     6 est] sit **M**     7 communiter termini] *inv.* **MV**     9 ly] locus **M**     10 an] vel **M**     11 illa] *om.* **M**     13 consequens] sequitur quod *add.* **M** || non est] *inv.* **PV** *sed cum sign. transp.* **V**     13-14 et cetera] *om.* **M**     15 dicitur] dicatur **M** || B] *om.* **P**     16 est] *om.* **P**     19 huiusmodi] *om.* **P** || et . . . vera] *om.* **M**     20 tantum A] *inv. sed cum sign. transp.* **V** || Ista] Illa **M** || quia] exponi *add. sed del.* **V**     21 expositum] expositam **V** || et] *om.* **M** *sup. lin.* **V**     22 et] *om.* **M**     23 una] *om.* **M**     24 est] cum **P**     25 istae] illae **M** verae] '*A est' et add.* **M** || A] ergo *sed del. et A sup. lin.* **V** || huiusmodi] huius **M**     26 aliud] *om.* **M** || istae] illae **M**     27 non] debetur *add. sed exp.* **P** || Prima] enim *add.* **M** || sua] *om.* **M**     28 exponente] exposito **P**     31 Item] contra **M** || A tantum] *inv.* **MV**     32 nisi] per *add.* **V** || B] ergo *add.* **M**     33-34 Non . . . casum] *om.* **P** (*homoeot.*)     34 est difficultas] *inv.* **MV**     36 locus sit] *inv.* **MV** || sit nulla] *inv.* **MV**     37 B (2)] *om.* **M** *sup. lin.* **V**     38 Respondendo] Redendo **M** || concedetur] conceditur **MV**     39 verum] falsum **P** || ibi sumatur] *inv.* **MV** || modo] o- *add. sed exp.* **P**     39-40 primo . . . secundo] secundo modo vel primo **M**     40 quem] quod **P**     43 primarie significat] *inv.* **M** || est] Et *add.* **M**     44 se] *sup. lin.* **V**     45 est] ex *add.* **P** || vera] *om.* **M** || primarie significat] *inv.* **M** || significatione] significationem **M**     46 significet] significat **M** || significatione] significationem **M**     47 negationis] *lect. incerta* **P** || exclusiva] exclusione **M** in exclusione *add. sup. lin.* **V** || consequenti] consequente **M**     48 significiatione]

significationem **M** || quae est] *om.* **M** 49 primum] *Vide para. 202 supra.* || negando] *om.* **P** || primarie] significando *add. sed del.* **V** 51 Nec] Non tamen **M** 52 sed ... significat] *om.* **P** (*homoeot.*) 53 et ... ergo] ergo, et cetera **PV** 54 talem capiendo] *inv.* **MV** 55 significatione] significationem **M** 56 secundum] *Vide para. 203 supra.* 57 ipsius] illius exclusivae **M** || Istae tamen] Tantum **M** 57–58 sensum] alium **P** 58 verum] vere **M** || *A*] aliqua **M** *om.* **V** || exclusiva] exclusivae **V** 58–59 significatione] significationem **M** 59 primarie] *om.* **P**. *Vide notam lin. 60 infra.* || significatione] significationem **M** 60 Et] primarie *add.* **P**. *Vide notam lin. 59 supra.* || foret] forent **M** 61 ponitur] ponatur **MV** || sunt] sint **V** 62 convertuntur] convertitur **P** 63 ultimo] ultime **P** 64 tertium] *Vide para. 204 supra.* 65 ponitur] ponatur **M** 66 quartum] *Vide para. 205 supra.* || isto] illo **M** 67 primarie] seu principaliter (?) *add. sup. lin.* **V** 68 quodammodo] quoddam modo **V** || quia] quod **M** 69 ipsum] ipsam **M** 70 iudicat] se *add.* **M** || et] *sup. lin.* **V** || per consequens] post **M** post *B* **P** 71 quodammodo] quoddam modo **V** || quodammodo confuse] *inv.* **M** 71–72 talem veritatem] *inv.* **M** 73 illa] illas **M** || significari] significare **MP** 74 Si] Sed **P** || dicitur] dicatur **M** 75 ipsa] illa **M** 76 ipsa] illa **M** *iter.* **P** 77 quod] quae **P** || non] vero **P** || aliqua] alia **P** 77–78 completa] complexa **M** 78 aliquam] aliam **P** 80 posset] possit **V** || intellectus ... distincte] distincte intellectus ferri (ferri) firri **M**) **MV** 81 huic] hinc **P** || nullam] negativum **P** 83 significari] significare **M** 85 adductas] *Vide para. 201 supra.* 86 communi] id est, tribus conditionibus ad insolubile requisitis, scilicet, quod unum tale sit omne tale dicens et cetera *gl. i.m.* **V**. *Vide para. 25 supra.* 87 secunda] secundo **P** 87–88 falsa est] *cum sign. transp.* (?) **V** 88 ista] illa **M** || Sortes] *i.m.* **P** 91 vera] Et *add.* **MV** 92 elici potest] *inv.* **M** 93 responsio] significat *add.* **P**

## Book III, Ch. 9 (para. 215–216)

3 potest] *om.* **P** || assignatae] assignat⟨ae (?)⟩ **M** 4 aliud est] *inv.* **M** || illa] in **MV** 6 sic] *om.* **M** || insolubilis] *om.* **M** 8 propositionem] propositione⟨m (?)⟩ **M** 9 exceptiva] exclusiva **MV** || communi casu] *inv.* **M** 10 quod] p-*add. sed del.* **P** 11 falsae sunt] *inv.* **MV** 13 independenter] dependenter **P** 14 primarium significatum] primaria significatio **M** 15 exceptivae] exceptivis **M** exceptivarum **V** 16 quia] ex *add. sed del.* **V** || aliqualiter] aliter **P** 17 pertractatur] *Vide para. 201–214 supra.* || sufficiant] sufficiunt **M** 18 omnibus] communibus **M** 19 restringuntur] restringitur **M** restringunt **P** 20 aut] et **M** || si] *i.m.* **V** || istae] illae **M** || propositiones] propositio⟨nes (?)⟩ **M** 21 multa] mult⟨a (?)⟩ **M** *i.m.* **V** 23 principaliter] prin⟨cipaliter (?)⟩ **M** || in ... addidi] in primo casu addidi **M** || ad] *sup. lin.* **V** 24 se] ⟨se (?)⟩ **M** || existens] *Vide para. 201 supra.* || Quod] et *add.* **M** || alia] aliqua **M** 25 pertinenti] particulari **P** 26 sic] si⟨c (?)⟩ **M** 27 quod] *sup. lin.* **V** || eadem] *om.* **M** *sup. lin.* **V** || difficultas] difficulta⟨s (?)⟩ **M** || et cetera] *om.* **M** kterak sye nassym czechom vyede v Praze **V** (*Vide introductionis sect. VII, supra.*)

## Book III, Ch. 10 (para. 217-226)

3 Pertractato] Pertractando **P** || categorico] hyp- *sed del. et* categorico *sup. lin.*
**P** || restat] idem *add.* **P** || de] insolubili *add.* **V** || restat de hypothetico] de in-
solubili hyp⟨othetico (?)⟩ restat **M**     4 insolubili] ins⟨olubili (?)⟩ **M**     5 disiunc-
tivo] et *add.* **MV** || insolubili] in⟨solubili (?)⟩ **M**     6 ergo] ante **M** || ista] illa
**M**     7 demonstrando eandem] eadem demonstrata **M** *inv.* **V** || est (2)] *sup. lin.*
**V**     8 similia] ut *add. sed del.* **P** || Ponatur] igitur *add.* **M** Ponitur **V** || ista]
haec **M**     10 tamen] *om.* **M** || sit] sunt **P**     11 ipsius] eius **M** Et *add.* **MV** ||
illum] secundum **M**     12 puta] ita *sed del. et* puta *i.m. inf.* **P**     14 significet]
significat **M**     15 sic] et *add.* **P** || est (2)] *sup. lin.* **M** || quod (2)] *om.* **M**
16 ergo . . . vera] *om.* **P** (*homoeot.*)     17 cum] e (*pro* eo ?) quod **M** || copulativa]
*om.* **M** || significat] ut ponitur *add.* **MV**     21 huius copulativae] *inv.* (huius)
*i.m.*) **V**     22 necessaria] *iter. i.m.* **P**     26 Nam] non *add. sed exp.* **P** || significat
praecise] primarie significat **M**     26-27 Confirmatur . . . cetera] *i.m.* **V**     27 hoc]
*om.* **P**     28 significare] primarie *add.* **M**     29 hoc] haec **M** || illum] *om.* **M**
31 enim] est **P** || casum] *sup. lin.* **V**     32 tali] *om.* **M** || concedetur] conceditur **V**
|| Ergo concedetur] Conceditur ergo **M**     33 copulativa] *abbr. corrupta* (capula-
tiva ?) **M**     35 primarie convertibiliter] *inv.* **M**     36 facta] *Vide para.* 220
*supra.*     38 ut] cap- *add. sed del.* **V** || Ista] Illa **M** || pars] propositio *sed* pars *sup.*
*lin.* **V**     39 significatione] significationem **M** || est] talis (?) *add.* **P**     40 confir-
matione] conformitatione **V**. *Vide para.* 221 *supra.* || secunda] *sup. lin.* **V**     43 sig-
nificare] *sup. lin.* **V** || significatione] significationem **M**     44 quod ens] *iter.* **P**
|| demonstratur] demonstrantur **P**     45 demonstratur] demonstrantur **P**
46 tunc] *abbr. illeg.* **P** || demonstratur] detur **P**     47 est maior] *inv.* **M**     48 Et]
in *add.* **M**     49 copulativam] *abbr. corrupta* (capulativam ?) **M**     49-50 primarie
significat] *inv.* **M**     50 significabile] insolubile **P**     51 Quantum] Exemplum
**M** || exemplum] *Vide para.* 218 *supra.* || illa] ipsa **M**     53 sumatur] sumitur **V**
|| in . . . communiter] sumitur communiter et ipsa sumitur pro falso **M** || pro
. . . communiter] communiter pro falso **V**     54 ly . . . sumitur] sumitur ly 'fal-
sum' **M**     55 ista] illa **M**     56 illa] ipsa **M**     57 significat] significare **M** ||
significare] secundarie **P** || significatione] significationem **M**     57-58 reciproca-
tionem] receptionem *sed exp. et* reciprocationem *sup. lin.* **P**     59 Secundum]
Sed (?) *sed* Secundum *sup. lin.* **P** || exemplum] *Vide para.* 218 *supra.*     60 ipso]
ipsa **M** *I.e., insolubile in para.* 225 *supra.* || sumitur] sumatur **M** || modo] *om.* **P**
|| superius] *Vide para.* 225 *supra.*

## Book III, Ch. 11 (para. 227-250)

2 ista] haec **M**     3 vera] falsa **M**     4 B] *I.e., oppositum huius disiunctivae. Vide*
*para.* 248 *infra.*     5 ergo] *i.m.* **V** || B] *om.* **MP** || sit] *om.* **M**     6 quae] *om.* **M**
7 primarie] *om.* **M** *sup. lin.* **V** || communiter] primarie **P** || ut . . . communiter]
communiter ut termini **M** || praetendunt] primarie *add.* **M** *add. sed del.* **V**     8 Et]
*om.* **MV** || an] illa *add.* **M**     9 Tunc] Et **M** *sup. lin.* **V**     10 huius] illius **M**
|| illa] secunda **P**     12 ipsa] illa disiunctiva **M**     12-13 impossibilis] |**V** 93v|

ergo sicut illa primarie significat *add. sed exp.* **V**      14 ista] illa **M**      15 primarie
significat] *inv.* **M**      16 illa secunda ] ipsa **M**      18 tibi] *om.* **M** *sup. lin.* **V** || ista]
illa **M**      19 ista] haec **M**      21–22 et totum . . . vera] *i.m. et* est vera *iter. in*
*textu* **P**      22 ista] illa **M**      23 non] ratio **M** || est] vera *add. sed del.* **V** || pona-
tur] ponitur **M** cum *add. sed exp.* **P**      24 cum] tamen **P** || secunda] pars *add.* **M**
25 ista] illa **MV**      25–26 ita . . . quod] *om.* **M**      26 ista] illa **MV**      27 ista]
illa disiunctiva **M** illa **V** || suo] *i.m.* **V** sic *add.* **V**      28 quo] quod **P**      30 Hic]
Huic **M**      31 tertio] modo *add.* **MV**      33 suo modo] modo **M** suo *sup. lin.*
*post* modo **V**      34 possit] potest **M** posset **P**      35 Bene] Unde *sed* Bene *sup.*
*lin.* **P** || sequeretur] sequitur **M**      41 significatione] significationem **M**      42 ergo]
igitur **M** || sicut illa] *inv. sed cum sign. transp.* **V**      43 factum] *Vide para. 227*
*supra.*      44 non] *sup. lin.* **M** || significat primarie] *inv.* **V**      45 significat] quod
haec disiunctiva significat *add.* **M** || significatione] significationem **M**      47 signi-
ficando] significans **V**      48 secundum] *Vide para. 228 supra.*      49 Ista] Illa **MV**
50 primarie significat] *inv.* **M**      51 primarie] *om.* **V** || significatione] significa-
tionem **M**      53 tenet] teneret **M**      54 tertium] *Vide para. 229 supra.*      55 scili-
cet] videlicet **M** || ista] illa **M**      56 istam] illam **M**      57 est] quod *add.* **P**
|| ista] illa **M** illa *i.m.* **V**      58 una] nulla **P** || talis] causalis **M**      59 B] *D* **M**
|| cum] significatum (?) *add. sed del.* **V**      59–60 illius] ipsius **M** || B] *D* **M**
61 B] *om.* **MV** || significat] significans **V** || Sed] Et **M**      62 ipsius] illius **MV**
|| esset] esse **P**      63 significat primarie] *inv.* **M**      63–64 significatione] signifi-
cationem **M**      65 praedicta] *Vide para. 229 supra.*      66 insolubilis] impossibilis **M**
|| ista] illa **M** ipsa **V** || demonstraretur] demonstratur **M**      67 ipsamet] propo-
sitio *add.* **M**      68 secunda] una *M* || significet] significat **M**      70 nec] non **M**
intellegeretur *add.* **P** || argueretur] arguitur **M**      73 et] *om.* **M**      74 Bene]
Unde **M** || ista] illa **M**      75 Haec] Illa **M** || B] *D* **M**      76 haec] illa **M** ||
eadem] vera **P**      77 significatione] significationem **M**      79 concluditur] con-
cludatur **V** || consequens est] est *sup. lin. ante* consequens **V**      80 ipsa] illa **M**
82 ponatur] ponitur **M** || B] *D* **M**      83 ipsius] illius **M** eius **V** || talem aliquam]
*inv.* **MV**      85 fere] *del.* **V**      86 disiunctivo] disiunctiva **M** || Ista] Illa **M**
87 ista] illa **M** || istam] illam **MV**      89 demonstraretur] dentur **M**      90 pri-
marie] *Vide para. 227 supra.* || primarie (2)] *om.* **M**      91 sumatur] sumitur **V**
93 restringitur] restringatur **M**      94 Ista] Illa **M** || Ista (2)] Illa **M**      95 signi-
ficat] sig- **M**      96 esset] est **M**      97 illius] ipsius **M** || significat] significet **MV**
97–98 ipsammet] ipsam **M**      98 significatione] significationem **M**      101 tamen]
*sup. lin.* **P**      101–102 adducta] *Vide para. 227 supra.*      102 secundae] suae **M**
103 quod] *om.* **M**      103–104 in . . . sumatur] sumatur in ipsa **M**      104 sume-
retur] sumaretur **M**      105 illius] ipsius **M** || disiunctivae] *om.* **M**      105–106 sig-
nificaret primarie] *inv.* **M**      106 significatione] significationem **M**      107 foret]
esset **M** || falsa] *om.* **M**      108 sequeretur] sequitur **MV** || est (2)] falsa *add.* **M**
111 sed] si **M**      113 demonstraret] demonstrat **M**      114 ipsa] illa **V**      115 quo-
dammodo] quoddam modo **V**      119 veri] *abbr. illeg.* (-do) *add. sed eras.* **V**
120 dicitur concedendo] *i.m.* **V**      122 esse . . . significando] sic significando
esse **M**      123 supple] *lect. incerta* **PV**      124 istum] illum **MV**      125 ipsius]
illius **MV**      126 aliqua] alia **V**      129 repugnat] repugnaret **M** reciperet *in textu*
*et iter. i.m.* **P** || casui] *sup. lin.* **V**      130 est] *sup. lin.* **V**      130–131 est conceden-

da] *inv.* **M** 132 repugnans] Et *add.* **MV** || istum] illum **MV** || sensum] *i.m.*
**V** || prius] *Vide para. 245 supra.* 133 isto] illo **M** 134 argumentum] *om.* **MV**
136-137 primarie significat] *inv.* **MV** 138 primarie] *om.* **V** || significatione]
significationem **M** 139 adductam] *Vide para. 227 supra.* 140 primarie signi-
ficat] *inv.* **MV** 141 indefinitam] infinitam **P** 142 ipsius] illius **MV** || signi-
ficatione] significationem **M** 143 sic] sicut **M** || huius] illius **M** 144 significat
primarie] *inv.* **M** 145 significatione] significationem **M** || sibi synonyma] *om.*
**M** 148 cum] oppositum huius *add. sed del.* **V** 150 significatione] significa-
tionem **M** || sic ] sit **P** || sic dispariter] *i.m.* **V** || significarent] significaret **P**
signifiarent *et* -c- *add. sup. lin.* **V** 151 et] in **M** 152 significationis] in signi-
ficatione **M** || esset] esse **M** 154 illi] illius **P** 155 sic] *om.* **M** 157 huius]
illius **M** || erit] *lect. incerta* **P** 160 hic] hoc **V** || contradictionem] contradic-
tio⟨nem (?)⟩ **M** 161 oppositio] opposita propositio **M** 163 ista] illa **M**
164 terminis] *Vide para. 61 supra.* 165 Secundum tamen] Sed secundum **V**
166 insolubilium] dari *add.* **M** || praepositam] propositam **M** praepositivam (?)
**P** || toti] *om.* **M** dari **P**. *Vide para. 55 supra.* || esset] esse **M** 167 et] *om.* **V**
168 esset] est **M** || et] *om.* **M** 169 disiunctiva illa] *inv.* **M** 170 opposite]
*i.m.* **V** || se] ipsum **M** 171 et] eo **P** || contra] secunda *add.* **M** 172-173 doc-
tum] doct⟨um (?)⟩ **M** 173 superius] *Vide lib. 3 primam partem, supra.* || ponen-
dum] ponendam **M** || sufficiunt] sufficiant. Buoh s namy **V** (*Vide introductionis
sect. VII, supra.*) || de . . . sufficiunt] non plura ad praesens **M**

## Book III, Ch. 12 (para. 251-257)

3 suppono] suppon⟨o (?)⟩ **M** 5 quod] *sup. lin.* **V** || quod consequentia]
*om.* **M** 7 per] suum *add.* **M** 8 conditionalem] conditi⟨o (?)⟩nalem **M** || et]
*om.* **M** 9 conditionalem] condit⟨ionalem (?)⟩ **M** 11 tibi] *om.* **M** || hanc]
h⟨anc (?)⟩ **M** || Ista] Illa **M** 12 demonstrando] demonstrand⟨o (?)⟩ **M**
13 illius] ⟨illius (?)⟩ **M** 14 antecedens] consequens **M** 15 hanc . . . signifi-
cat] significat hanc consequentia⟨m (?)⟩ **M** significat hanc consequentiam **V**
16 nec] non **M** || nec erit] *i.m.* **V** || esse] *lect. incerta* **V** || significando] signifi-
cand⟨o (?)⟩ **M** 17 verum] v⟨erum ?)⟩ **M** 18 vero] veris **MV** || nihil] *iter.*
**V** || Quod] ⟨Quod (?)⟩ **M** 19 probatur] *om.* **V** || haec] *om.* **V** || est bona] *om.* **V**
20 concessum] conces⟨sum (?)⟩ **M** || primarie sic] *inv.* **M** 21 sic] ⟨sic (?)⟩ **M**
22 Hic] Huic **M** || est] vera *add. sed exp.* **P** *Hic finitur textus* **M**. 23 tunc] *om.* **V**
26 ut . . . tale] *i.m. et* et cetera (?) *add. i.m.* **V** 27 valet] videlicet *add.* **V**
28 vel] et **V** 33 est] sit **V** 35 consequentia] est bona *add. sed* bona *del.* **P**
40 quod] *om.* **P** 41 esset] esse *sed in* esset *corr.* **V** 47 praefatum] praefactum
**V**. *Vide para. 252 supra.* 50 ergo . . . bona] *om.* **V** (*homoeot.*) 52 significat
primarie] *inv.* **V** || tota] *om.* **V** 60 vel] *sup. lin.* **V** 62 et cetera] *om.* **V**

## Book III, Ch. 13 (para. 258–273)

6 istam] illam **V** (*Vide notam immediate sequentem.*)      4–6 ut . . . aliis] *i.m.* **V**
7 supposito] supponendo **V**      9 pontem] ponte **P**      10 pontem] ponte **P**
11 et] *om.* **V** || duobus] *om.* **V**      14 liber] servus liber **P** servus *sed del. (?) et* liber
*sup. lin.* **V** || obviant] obvient **V** || sibi] ipsis *add. sup. lin.* **V**      17 Tu . . . asinus]
*i.m.* **V**      18 ille] iste **V**      19 quod] nam **P**      20 positum] significat *add. sed*
*del.* **P**      21 et] *sup. lin.* **P** || consequens] illa *add.* **V**      26 tibi] significando *add.*
*sed del.* **V**      30 mihi] tibi **V**      31 sicut] sic **V**      33 sim] sum **V** || licet] *iter.*
*sed exp. primum* **V** || esse] sibi *add.* **V**      34 isto] illo **V** || aliquod] ad **P**      36 esse
mihi] *inv.* **V**      38 disiunctiva] *om.* **V**      40 pertransitione] *Vide para. 258 supra.*
41 dimittatur] admittatur **P**      43 pertransiens] per- *eras.* **V**      44 et (2)] *sup.*
*lin.* **P**      46 iste] ille **V**      48 incompossibiles] impossibiles **P**      49 propalare]
vel proclamare *gl. sup. lin.* **P** proclamare *gl. sup. lin.* **V**      51 istam universalem]
*inv.* **V** || veram] *add. abbr. illeg. sed del.* **V**      52 non] *i.m.* **V**      54 repugnat] *iter.* **P**
58 voluerunt] volebant **V**      61 secundum] *Vide para. 258 supra.*      63 impos-
sibilis] *Vide para. 261 supra.*      65 primus] prius **P** || obviaverit] obviavit **V**
71 sequitur] *sup. lin.* **V**      72 impleretur] impleatur **V**      73 si] *om.* **V** || Titio]
Titius **P**      74 residuo] residue **V**      76 videtur] videretur **V** || libertati] liberati **P**
78 obviae] obviet **P** (*Intellegendum est forte* obviationis.)      78–79 fuerit servus]
*inv. sed cum sign. transp.* **P**      79 ostendenti] *abbr. ambig. sed* ostendenti *i.m.* **V**
80 probaverit] probabit *add.* **P**      82 tertium] *Vide para. 258 supra.*      83 tunc]
*om.* **V**      84 negat] negaverit **V**      87 quomodo] qualiter **V**      90 infrigibiles]
in fringibiles **V**. *Vide Latham, p. 248.* || eas] ipsas **V**      92 quae] quod **P** ||
praecipiatur] ut *add. sed del. et exp.* **P**      93–94 Quod . . . solvi] *i.m.* **V**      95 me
simul] nos **V**      99 illud praeceptum] *iter.* **P** *inv.* **V**      104 solverem] solvere **V**
109 per positionem] propositionem **P**      110 quia] valet *add. sed exp.* **P** || forsan
. . . quod] verum est forsan **V**      112 Quod] quia **V**      113 aliud] *iter.* **P** illud
*sed in* aliud *corr. sup. lin.* **V**. *Vide para. 267 supra.* || posse] possem **P**      115 infrin-
gerem] aliquod *add.* **P**      119 tunc] aut **V**      121 infringis] illud *add.* **V**      122 illud]
idem **V**      123–124 contravenis] contravenies **V**      125 tres] *Vide para. 267 &*
*269 supra.*      126 sunt] fuit **V**      128 ipsorum] tanta *add.* **P**      130 tanta] tan-
tum **P** tantum *sed del. et* tanta *i.m.* **V**. || summa] *Thomson, "Unnoticed MSS," p. 140,*
*legit* sentencia. || subtillissimi] doctoris *add.* **P**      131 Wycleffe] Tartis **P** et cetera
*add.* **V** *Vide introductionis sect. II, supra.* || ergo] igitur **V**      132–133 per cuncta]
in **V**      131–133 sufficiant . . . Amen] *Thomson, "Unnoticed MSS," p. 140, omittit*
*haec verba.*      133 et cetera] *om.* **V**

# Bibliography

Aquinas, Thomas. *In Metaphysicam Aristotelis commentaria*, M. R. Cathala, ed., Turin: Marietti, 1935. (Also contains William of Moerbeke's translation of the *Metaphysics*.)

Aristotle. *Analytica posteriora, translationis Iacobi, anonymi sive 'Ioannis', Gerardi et recensio Guillelmi de Moerbeka*, Lorenzo Minio-Paluello & Bernard G. Dod, eds., "Aristoteles Latinus," vol. IV.1-4; Bruges: Desclée de Brouwer, 1968.

———. *Categoriae vel Praedicamenta, translatio Boethii, editio composita, translatio Guillelmi de Moerbeka, Lemmata e Simplicii commentario decerpta, Pseudo-Augustini Paraphrasis Themistiana*, Lorenzo Minio-Paluello, ed., "Aristoteles Latinus," vol. I.1-5; Bruges: Desclée de Brouwer, 1961.

———. *Metaphysica, lib. I-IV.4, translatio Iacobi sive 'vetustissima' cum scholiis et translatio composita sive 'vetus'*, Gudrun Vuillemin-Diem, ed., "Aristoteles Latinus," vol. XXV.1-1a; Brussels: Desclée de Brouwer, 1970.

———. *Metaphysica, lib. I-IX, XII-XIV, translatio anonyma sive 'media'*, Gudrun Vuillemin-Diem, ed., "Aristoteles Latinus," vol. XXV.2, Leiden: E. J. Brill, 1976.

Bale, John. *Illustrium majoris Brittaniae scriptorum . . . summarium*, Ipswich (Gipeswici): John Overton, 1548.

———. *Scriptorium illustrium Britanniae . . . catalogus*, 2 vols. in 1, Basle: Joannes Oporinus, 1557-1559.

Balič, Charles. "The Life and Works of John Duns Scotus," in John K. Ryan and Bernardine M. Bonansea, eds. *John Duns Scotus, 1265-1965*, "Studies in Philosophy and the History of Philosophy," vol. 3, Washington, DC: The Catholic University of America Press, 1965, pp. 1-27.

Beaujouan, Guy. *Manuscrits scientifiques médiévaux de l'université de Salamanque et de ses "Colegios mayores"*, "Bibliothèque de l'école des hautes études hispaniques," fasc. 32; Bordeaux: Féret & fils, 1962.

Bottin, Francesco. *Le antinomie semantiche nella logica medievale*, Padua: Editrice
    Antenore, 1976.

Brown, Edward, ed. *Fasciculus rerum expetendarum et fugiendarum*, 2 vols., Lon-
    don: Richard Chiswell, 1690.

Buddensieg, Rudolf, ed. *John Wiclif's Polemical Works in Latin...*, 2 vols.
    paginated consecutively, (English edition), London: Trübner & Co.,
    for the Wyclif Society, 1882-1883.

*A Catalogue of the Harleian Manuscripts in the British Museum*, 4 vols., [Lon-
    don: G. Eyre and A. Strahan, 1808-1812].

Coxe, Henry O. *Catalogus codicum MSS. qui in collegiis aulisque Oxoniensis
    hodie adservantur*, Oxford: Oxford University Press, 1852.

De Rijk, Lambert Marie. "*Logica Oxoniensis*: An Attempt to Reconstruct
    a Fifteenth Century Oxford Manual of Logic," *Medioevo: Rivista di storia
    della filosofia medievale* 3 (1977), pp. 121-164.

Dziewicki, Michael Henry, ed. *Iohannis Wyclif: Miscellanea philosophica*, 2
    vols., London: Trübner & Co., for the Wyclif Society, 1902-1905.

———. *Iohannis Wyclif: Tractatus de apostasia*, London: Trübner & Co.,
    for the Wyclif Society, 1889.

———. *Iohannis Wyclif Tractatus de logica*, 3 vols., London: Trübner & Co.,
    for the Wyclif Society, 1893-1899.

Emden, A. B. "Additions and Corrections to *A Biographical Register of the
    University of Oxford to a.d. 1500*: Supplemental List No. 2," *The Bodleian
    Library Record* 7 (1962-1967), pp. 149-164.

———. *A Biographical Register of the University of Oxford to a.d. 1500*, 3 vols.,
    Oxford: Clarendon Press, 1957-1959.

Fletcher, John Malcolm. "The Teaching and Study of Arts at Oxford, c
    1400-c 1520," University of Oxford, MS D. Phil d. 2536, 1961.

Floyer, John Kestell, and Hamilton, Sidney Graves. *Catalogue of Manuscripts
    Preserved in the Chapter Library of Worcester Cathedral*, Oxford: James Parker
    and Co., for the Worcestershire Historical Society, 1906.

Goldast, Melchior. *Monarchia S. Romani Imperii*, 3 vols., Hanover: Con-
    rad Biermann, 1611-1614. Photoreprint, Graz: Akademische Druck-
    u. Verlagsanstalt, 1960.

Hamesse, Jacqueline. *Les Auctoritates Aristotelis: Un florilège médiéval. Etude
    historique et édition critique*, "Philosophes Medievaux," vol. 17; Louvain:
    Publications universitaires, 1974.

Herzberger, Hans G. "Paradoxes of Grounding in Semantics," *The Jour-
    nal of Philosophy* 67 (1970), pp. 145-167.

James, Montague Rhodes, and Jenkins, Claude A. *A Descriptive Catalogue of the Manuscripts in the Library of Lambeth Palace*, 5 fasc., Cambridge: Cambridge University Press, 1930–1932.

Klingsford, C. L. "Milverley, William," *Dictionary of National Biography*, vol. 13, p. 489.

Latham, R. E. *Revised Medieval Latin Word-List from British and Irish Sources*, London: Oxford University Press, for the British Academy, 1965.

Lewry, P. Osmund. "Four Graduation Speeches from Oxford Manuscripts (*c.* 1270–1310)," *Mediaeval Studies* 44 (1982), pp. 138–180.

Macray, William D. *Catalogi codicum manuscriptorum bibliothecae Bodleianae, Pars quinta Ricardi Rawlinson, J.C.D. codicum . . . complectens*, 4 fasc. Oxford: Oxford University Press, 1862 (fasc. 1), Clarendon Press, 1878–1898 (fasc. 2–4).

Mueller, Ivan, ed., and Kenny, Anthony, tr. *Joannis Wyclif Tractatus de universalibus*, 2 vols., Oxford: Oxford University Press, 1985.

Pinborg, Jan. "The *Summulae*, Tractatus I De Introductionibus," in Jan Pinborg, ed., *The Logic of John Buridan: Acts of the 3rd European Symposium on Medieval Logic and Semantics, Copenhagen 16.–21. November 1975*, Copenhagen: Museum Tusculanum, 1976, pp. 71–90.

Podlaha, A. *Soupis Rukopisů Knihoven a Archivů Zemí Českých, Jokož i Rukopisných Bohemik Mimočeských*, vol. 4 ( = *Soupis Rukopisů Knihovny Metropolitní Kapitoly Pražské*, vol. 2), Prague: Nákladem české akademie vě a uřmení, 1922.

Richter, E. L., and Friedberg, E., eds. *Corpus iuris canonici*, 2 vols., Leipzig: B. Tauchnitz, 1879. Photoreprint, Graz: Akademische Druck- u. Verlagsanstalt, 1955.

Roure, Marie-Louise. "La problématique des propositions insolubles au XIIIᵉ siècle et au debut du XIVᵉ, suivie de l'édition des traités de W. Shyreswood, W. Burleigh et Th. Bradwardine," *Archives d'histoire doctrinale et littéraire du moyen âge* 37 (1970), pp. 205–326.

Schlam, Carl C. "Graduation Speeches of Gentile da Foligno," *Mediaeval Studies* 49 (1978), pp. 96–119.

Shirley, Walter Waddington. *A Catalogue of the Original Works of John Wyclif*, Oxford: Clarendon Press, 1865.

Spade, Paul Vincent. *The Mediaeval Liar: A Catalogue of the Insolubilia-Literature*, "Subsidia Mediaevalia," vol. 5; Toronto: Pontifical Institute of Mediaeval Studies, 1975.

———. "Synonymy and Equivocation in Ockham's Mental Language," *Journal of the History of Philosophy* 18 (1980), pp. 9–22.

———, tr. *William Heytesbury On "Insoluble" Sentences: Chapter One of His Rules for Solving Sophisms*, "Mediaeval Sources in Translation," vol. 2; Toronto: Pontifical Institute of Mediaeval Studies, 1979.

*A Summary Catalogue of Western Manuscripts in the Bodleian Library at Oxford*, 7 vols. in 8, Oxford: Clarendon Press, 1895-1953.

*Tabulae codicum manu scriptorum praeter graecos et orientales in Biblioteca Palatina Vindobonensi asservatorum*, 10 vols., Vienna: Filius Caroli Geroldi, 1864-1899. Photoreprint, Graz: Akademische Druck- u. Verlagsanstalt, 1965.

Thomson, Samuel Harrison. "John Wyclif," in B. A. Gerrish, ed., *Reformers in Profile*, Philadelphia: Fortress Press, 1967, Ch. 1, pp. 12-39.

————. "The Order of Writing of Wyclif's Philosophical Works," in Otakar Odlozilik, *et. al.*, eds., *Českou minulostí: práce věnavoné profesoru karlovy university Václavu Novotnému jeho žáky k šedesátým narozeninám*, Prague: Jan Laichter, 1927, pp. 146-166.

————. "Some Latin Works Erroneously Ascribed to Wyclif," *Speculum* 3 (1928), pp. 382-391.

————. "Three Unprinted Opuscula of John Wyclif," *Speculum* 3 (1928), pp. 248-253.

————. "Unnoticed MSS and Works of Wyclif," *The Journal of Theological Studies* 38 (1937), pp. 24-36 & 139-148.

Thomson, Williell R. *The Latin Writings of John Wyclyf: An Annotated Catalog*, "Subsidia Mediaevalia," vol. 14; Toronto: Pontifical Institute of Mediaeval Studies, 1983.

Thorndike, Lynn. *A History of Magic and Experimental Science*, 8 vols., New York: Columbia University Press, 1934-1960.

Truhlář, Josef. *Catalogus codicum manu scriptorum latinorum qui in C. R. Bibliotheca publica atque universitatis Pragensis asservantur*, 2 vols., Prague: Regia Societas Scientiarum Bohemica, 1905-1906.

Warner, George F., and Gilson, Julius P. *Catalogue of Western Manuscripts in the Old Royal and King's College Collections*, 4 vols., Oxford: Oxford University Press, 1921.

Wilson, Gordon Anthony, and Spade, Paul Vincent. "Richard Lavenham's Treatise *Scire*: An Edition, with Remarks on the Identification of Martin (?) Bilond's *Obiectiones consequentiarum*," *Mediaeval Studies* 46 (1984), pp. 1-30.

# Index of Manuscripts

# Index of Persons

Alyngton, Robert, pp. xlii, xlvi–xlvii
— *De sex principiis*, p. xxiii
— *De suppositionibus*, p. xlii
— *Insolubilia*, pp. xxxiv, xxxv, xlvii
— *Super Praedicamenta Aristotelis*, pp. xxii, xliii
— *Tractatus logicalis de suppositionibus*, pp. xxii, xlii.
Anglicus, Roger
— *Ampliatio verbi 'est'*, p. xvii.
Aquinas, Thomas, p. 86.
Aristotle, pp. xlviii, 3, 18
— *Categories*, p. 94
— *Metaphysics*, pp. 68, 73, 87
— *Posterior Analytics*, pp. 73, 93.
Augustine, p. xviii.

Bale, John, pp. ix, xxv, xxxix, xlv.
Balič, Charles, p. xl.
Beaujouan, Guy, pp. xix, xxvi, xxvii, xl, xlii, xlv.
Boethius, pp. x, xi, xii.
Bottin, Francesco, pp. xliv, xlvi.
Bradwardine, Thomas
— *Insolubilia*, pp. 69, 90.
Brown, Edward, pp. xvi, xli.
Buddensieg, Rudolf, pp. xlii, xliv.
Buridan, John
— *Quaestio de dependentiis, diversitatibus et conventiis*, p. xix
— *Quaestiones de universali*, p. xix
— *Replica contra impugnantes duos primos tractatus*, pp. xix, xlii.

Ceffons, Pierre, p. xlvi.
Chesterfeild (Chesterfeld), John, pp. x, xl, xli.
Coxe, Henry O., p. xl.
Croucher, Martin, p. xxxix.

De Rijk, Lambert Marie, pp. xl, xli, xlii, xliii, xlvii.
Dobbys, Robert, p. xiv.
Dod, Bernard G., p. 86.
Dziewicki, Michel Henry, pp. xviii, xxiv, xxviii, xlii, xliii, xliv, xlv, xlvi, xlvii, 65, 77, 102.

Ecaf, Johannes, p. xliii.
Emden, A. B., pp. xxvi, xxvii, xl, xli, xlii, xliii, xlv, xlvi.

Fitzralph, Richard, p. xvi.
Fland, Thomas, p. xiv.
Fletcher, John Malcolm, pp. xl, xli, xlii.
Floyer, John Kestell, and Hamilton, Sidney Graves, pp. xl, xliii.
Friedberg, E. *See* Richter, E. L.

Gilson, Julius P. *See* Warner, George F.
Glocestra, Robert, p. xiv.
Goldast, Melchior, pp. xvi, xli.

Halporn, Barbara, p. xxxix.
Hamesse, Jacqueline, p. 68.
Hamilton, Sidney Groves. *See* Floyer, John Kestell.

# Index of Topics

In some instances, we have recorded only the most significant occurrences.

**Summa insolubilium** is an early and little-known work of the English logician John Wyclif (who died just over 600 years ago). In this treatise Wyclif discusses logical and semantical problems like the famous "Liar Paradox" ("What I am now saying is false"); his views seem to have been original with him, and had some influence in the late fourteenth and fifteenth centuries.

This critical edition is based on three manuscripts and a fragmentary fourth. In their introduction, editors **Paul Vincent Spade** and **Gordon Anthony Wilson** describe the contents of these manuscripts, the date of the text and its internal divisions; they sketch the philosophical theory of semantic paradox, and the influence of Wyclif's theory on subsequent authors; and they deal with the disputed authorship of the work. Two appendices tabulate parallel passages from Wyclif's *Logicae continuatio* and discuss the textual or doctrinal difficulties of particular passages of the work edited here. The volume also includes a bibliography, and indices of persons, topics, and manuscripts cited.

**Paul Vincent Spade** is Professor of Philosophy at Indiana University and author of *Peter of Ailly: Concepts and Insolubles. An Annotated Translation* (Dordrecht: D. Reidel, 1980); *William Heytesbury: On "Insoluble" Sentences. Chapter One of His Rules for Solving Sophisms* (translation and study) (Toronto: Pontifical Institute of Mediaeval Studies, 1979); *The Mediaeval Liar: A Catalogue of the Insolubilia-Literature* (Toronto: Pontifical Institute of Mediaeval Studies, 1975). **Gordon Anthony Wilson**, United Negro College Fund "Distinguished Scholar" (1985–1986), is Associate Professor and Chair of the Department of Theology at Xavier University of Louisiana and is editor of Henry of Ghent's *Quodlibet VI* (*Henrici de Gandavo Opera Omnia* X) (Louvain: Leuven University Press, forthcoming).

# mRts

## medieval & renaissance texts & studies
is the publishing program of the
Center for Medieval & Early Renaissance Studies
at the University Center at Binghamton.

mRts emphasizes books that are needed —
texts, translations, and major research tools.

mRts aims to publish the highest quality scholarship
in attractive and durable format at modest cost.